# TRANSMISSION DE LA PROPRIÉTÉ
## DANS L'ALLIER
### SOUS LA RÉVOLUTION FRANÇAISE



# VENTE

## DES

# BIENS NATIONAUX

### Par
## J. CORNILLON

### TOME TROISIÈME

MOULINS
LIBRAIRIE HISTORIQUE DU BOURBONNAIS
L. GRÉGOIRE, Éditeur
2, Rue François-Péron, 2

1913

# OUVRAGES DU MÊME AUTEUR :

*Pierre-Jacques Forestier, procureur-syndic du district de Cusset, membre de la Convention nationale.* — 1re édition, Vichy, imprimerie C. Bougarel, 1887 (épuisée) ; 2e édition, Cusset, Imprimerie nouvelle, Simon Fumoux, 1894, brochure de 130 pages. — Prix.................... 3 fr.

*Le Bourbonnais sous la Révolution française.* — Cinq volumes. Les deux premiers sont entièrement épuisés. Tome Ier, Vichy, imprimerie C. Bougarel, 1888 ; tomes II, III, IV et V, Ed. Girerd, imprimeur, rue Croisier, Riom (1889, 1891, 1892, 1895).

*Une page d'histoire du Bourbonnais sous la Restauration. L'insurrection de la faim.* — Cusset, Imprimerie nouvelle, Simon Fumoux, 1895, brochure de 60 pages. — Prix.................... 1 fr. 50.

*Le Bourbonnais en décembre 1851. Le Coup d'Etat.* — Un fort volume, Cusset, Imprimerie nouvelle, Simon Fumoux, 1903. — Prix.................... 5 fr.

*Histoire des eaux minérales de Vichy,* en collaboration avec M. Antonin MALLAT. — Quatre fascicules (1906, 1907, 1908, 1909), Georges Steinheil, éditeur, Paris, rue Casimir-Delavigne, 2 ; imprimerie Crépin-Leblond, à Moulins.

*Transmission de la propriété dans l'Allier sous la Révolution française. Vente des biens nationaux.* — Trois volumes (1911, 1912, 1913), Nevers, imprimerie Vallière, avenue de la Gare, 24 ; L. Grégoire, éditeur, rue François-Péron, 2, Moulins (Allier). — Prix de l'ouvrage complet.................... 23 fr. nets.

# TRANSMISSION DE LA PROPRIÉTÉ
## *DANS L'ALLIER*
### SOUS LA RÉVOLUTION FRANÇAISE

# VENTE
## DES
# NATIONAUX

Par

## J. CORNILLON

TOME TROISIÈME

MOULINS
LIBRAIRIE HISTORIQUE DU BOURBONNAIS
L. GRÉGOIRE, Editeur
2, Rue François-Péron, 2

1913

# PRÉFACE

Cet ouvrage, qui nous aura coûté quatre années de patientes recherches et d'un labeur incessant, touche à sa fin. L'empressement avec lequel le public a accueilli les deux premiers volumes me fait espérer que le troisième jouira près de lui de la même faveur, car c'est le même esprit qui y préside et qui l'anime.

L'an dernier, la presse départementale ne m'a pas ménagé ses critiques. Je suis loin de m'en affliger. Le Progrès de l'Allier m'a comblé d'éloges. Je ne saurai trop le remercier de ses délicates attentions à mon égard. Par contre, le tome premier a été vivement attaqué dans le journal Le Bourbonnais. Je suis trop partisan de la liberté de penser et de celle d'écrire pour me formaliser des reproches qui peuvent m'être adressés à l'occasion de faits historiques remontant à plus d'un siècle.

Toutes ces critiques sont assez connues du lecteur pour que je n'insiste pas davantage sur ce point ; mais il en est d'autres qui lui ont échappé, parce qu'elles n'ont pas été livrées à la publicité. Ce sont ces dernières que je me propose de placer sous ses yeux, afin qu'il puisse compléter son jugement sur mon œuvre en toute connaissance de cause.

***

Lors de l'apparition de mon premier volume, M. Edmond Clayeux exprima auprès de l'éditeur le désir que, dans la nomenclature des ventes de biens nationaux, je fisse toujours figurer le prénom et l'origine de l'acquéreur, parce qu'en Bourbonnais il y a des familles portant le même nom et qui n'ont pourtant aucun lien de parenté entre elles. Cette remarque est fort juste. Malheureusement, il ne m'a pas toujours été possible de parvenir à cette précision. Le plus souvent qu'il m'a été permis de le faire, j'ai mentionné les prénoms des acquéreurs, et j'ai indiqué, quelquefois seulement, leur lieu d'origine, parce que mes connaissances ne s'étendaient pas au delà.

***

Une correspondance assez active a été échangée entre M. Paul Meilheurat des Pruraux et moi, à propos de quelques adjudications de biens nationaux auxquelles prit part un de ses ancêtres. Sa lettre du 7 avril dernier résume toutes les autres. Citons-là donc presque tout entière, nous la commenterons ensuite :

« J'ai à votre disposition, y est-il dit, les pièces relatives à l'achat de l'église de Montcombroux, qui est, avec la petite chapelle de Sainte-Procule, à Gannat, le seul bien national que nous possédions. La cure, avec ses dépendances, que mon arrière-grand-père n'avait pas voulu acheter nationalement, a été acquise par lui le 9 germinal an XI, de François Meilheurat, qui ne lui était pas parent et qui la tenait de Jacques Poulet, qui, lui, l'avait achetée de la Nation.

» Vous dites dans votre livre que la propriété de Roudon, appartenant aux Chargère, a été achetée, en 1794, par Pierre Meilheurat. Pour vous prouver le contraire, je vous adresse la déclaration de succession des immeubles laissés par Pierre Meilheurat des Pruraux, décédé le 11 décembre 1826. Vous verrez que dans l'acte des acquisitions faites pendant la communauté, ne figure pas la propriété de M. de Chargère, où mon arrière-grand-père s'est marié, avant la Révolution. Ce n'est qu'après sa mort que son fils, Félix, né en 1793, a acheté la propriété de Roudon.

» Pierre Meilheurat est porté comme s'étant rendu acquéreur de petits lots de terre appartenant aux Chargère. Mais j'ai sous les yeux, et tiens à votre disposition, un acte notarié, passé entre Pierre Meilheurat des Pruraux et Louis-Gervais Chargère. Dans cet acte, Pierre Meilheurat déclare « qu'il est associé comme par les présentes, et, au besoin, il associe par subrogation le citoyen L.-G. Chargère, acceptant à ses périls et risques, aux effets et bénéfice de l'acquisition faite par Pierre Meilheurat des Pruraux au directoire, an II. La présente association faite pour la totalité des fonds et héritages, etc., etc. ».

Dans cet acte, il est dit « que Pierre Meilheurat des Pruraux s'est démis, dévêtu et dessaisi de la propriété des fonds et héritages pour lesquels il a associé ledit Louis-Gervais Chargère ».

» Enfin, je trouve parmi bien des papiers concernant cette affaire un extrait des délibérations de la Préfecture de l'Allier, nommant mon grand-père, Pierre Meilheurat des Pruraux, expert pour l'apurement des fermages de la terre de Roudon, en l'an XIII. Ce qui prouve bien que cette terre ne lui appartenait pas à cette époque.

» Je vous demanderai, Monsieur, de bien vouloir faire les rectifications nécessaires. Je ne voudrais pas que mon arrière-grand-père fût soupçonné d'avoir voulu augmenter sa fortune par l'achat de biens nationaux, acte que je considère comme absolument méprisable. Son anoblissement à l'avènement de Louis XVIII, et la nomination de son fils aux mousquetaires du roi, sont un témoignage de la fidélité qu'a montrée mon arrière-grand-père à la cause des Bourbons. Enfin, les lettres élogieuses qui accompagnent ces nominations sont une attestation de la parfaite loyauté de toute sa vie ».

M. Paul Meilheurat des Pruraux me reproche d'avoir écrit, dans le tome II de la Vente des biens nationaux en Bourbonnais, que la propriété de Roudon, provenant de l'émigré Louis-Gervais Chargère, avait été achetée en 1794, par son arrière-grand-père, Pierre Meilheurat. Ce reproche n'est pas fondé. La réserve de Roudon et le domaine des Fagots furent aliénés nationalement le 12 messidor an II (1). Ces fonds furent divisés en dix lots. Pierre-Joseph Meilheurat acheta le pré de la Chauvette et le Pré-Neuf. Sa veuve les revendit le 7 floréal an IX, à Marie-Jeanne de Chargère, épouse séparée de Louis-Gervais de Chargère.

Pierre - Joseph Meilheurat (de Montcombroux) et Pierre Meilheurat (des Pruraux) sont deux personnes distinctes et étrangères l'une à l'autre. Le premier était marié à Antoinette Meilheurat, et mourut avant l'an IX; le second avait épousé Anne-Gabrielle Loisel, et succomba le 14 décembre 1825. Il n'est donc pas surprenant que dans la déclaration de succession des immeubles laissés par Pierre Meilheurat des Pruraux à son décès, ne figure pas la terre de Roudon, puisqu'il n'avait pris aucune part à sa vente.

On lit plus loin dans la lettre que nous venons de citer :

« Pierre Meilheurat est porté comme s'étant rendu acquéreur de petits lots de terre appartenant aux Chargère; mais j'ai sous les yeux et tiens à votre disposition un acte notarié, passé entre Pierre Meilheurat des Pruraux et Louis-Gervais Chargère, etc., etc. »

Le 11 thermidor an II, le directoire du district du Donjon fit vendre en détail le domaine des Diots, confisqué à Louis-Gervais Chargère.

---

(1) Arch. départ. de l'Allier, Q. 23, cah. n° 23, travée 62, cas. 6-7.

Pierre Meilheurat des Pruraux acheta la terre de la Bousseille, six œuvres de vigne, le pré Bardin, les terres le Cloux, les Rues, les Bilettes et le champ de la Vigne. Sa signature se trouve au bas de toutes ces acquisitions avec celles des administrateurs chargés de l'adjudication. Il garda ces héritages et en jouit jusqu'au 11 floréal an X. A cette époque-là, Pierre Meilheurat des Pruraux les restitua à Louis-Gervais Chargère, moyennant la somme de deux mille deux cents francs, par acte reçu Decamp, notaire à Montaiguët, et enregistré à Lapalisse, le 16 floréal suivant (1). De l'examen des pièces, il résulte qu'il ne retira aucun bénéfice de cette restitution, et que c'est à peine s'il recouvra les sommes qu'il avait dû débourser lorsqu'il fit ces diverses acquisitions, le 11 thermidor an II.

A la fin de cette communication, on trouve une phrase conçue en style lapidaire, que je me fais un devoir de réfuter. La voici avec ma réponse à la suite :

« Je ne voudrais pas que mon arrière-grand-père fût soupçonné d'avoir voulu augmenter sa fortune par l'achat de biens nationaux, acte que je considère comme absolument méprisable ».

Les ventes qui s'effectuèrent sous la Révolution aux districts et au département furent loyales, régulières, sincères. Pris dans leur ensemble, les enchérisseurs furent d'honnêtes

---

(1) Arch. départ. de l'Allier. Bureau d'enregistrement de Lapalisse, an X et XI, folio 48.

gens, au même titre que ceux qui, pour des motifs divers, jugèrent à propos de se tenir éloignés des salles d'adjudication. Les propriétés qu'ils achetèrent de l'Administration et payèrent de leurs deniers sont aussi légitimes et aussi sacrées que celles qu'ils acquirent dans la suite à l'amiable. S'il y a des réserves à formuler, elles doivent porter exclusivement sur les biens des prêtres déportés ou sur ceux des contre-révolutionnaires condamnés à mort. Quant aux édifices religieux dont il va être question dans ce volume-ci, ils n'échappent pas à la règle générale que nous venons de poser. Ceux qui les achetèrent ne commirent aucun acte répréhensible et, moins encore, immoral, et les familles actuelles qui, comme celle de M. Paul Meilheurat des Pruraux, ont la chance d'en posséder, n'ont rien à redouter du jugement de la postérité.

****

Aux pages 101 et 102 du tome II, j'ai fait deux petites erreurs et une légère omission. J'ai pris la date de l'enregistrement de l'acte pour celle de la conclusion de la vente, et dans une citation, j'ai oublié un mot sans grande importance. M. le Colonel Collas, de Châtelperron, m'a écrit, le 29 novembre 1912, à ce sujet, et m'a demandé de publier sa lettre dans le tome III. La voici :

« J'ai l'honneur de vous faire connaître que, dans votre livre intitulé « Vente des biens nationaux », *tome II, pages 101 et 102, je relève certaines inexactitudes.*

*» Vous n'avez pu les commettre, veuillez me permettre de le croire, que par distraction, puisque vous avez puisé aux sources les plus véridiques : les archives de l'enregistrement des années XI et XII du calendrier républicain.*

*» Voici :*

*» 1° La vente de la terre de Châtelperron n'a rien à voir avec celle des biens nationaux. Cette constatation découle, d'ailleurs, de votre récit. La vente dont il s'agit fut consentie par les treize héritiers de la comtesse de Charry-Desgouttes à Jean-Baptiste Collas, mon arrière-grand-père, sous le Consulat, le cinquième jour complémentaire de l'an XI (22 septembre 1803) et non le 6 vendémiaire an XII, date indiquée par vous et qui est celle de l'enregistrement de l'acte.*

*» 2° Le sous-seing privé passé entre M. Delamarre (1), fondé de pouvoir desdits héritiers Desgouttes et J.-B. Collas, à l'effet de constater l'exactitude du compte de créance présenté par ce dernier, porte la date non pas du 7 vendémiaire an XII, comme vous l'indiquez, mais bien du 6 fructidor an XI (25 août 1803). Il en résulte que, le jour de la vente, M. Delamarre (2) ne pouvait logiquement éprouver la moindre surprise, au sujet de cette créance, puisqu'il la connaissait dans tout son détail depuis vingt-sept jours !...*

(1) Delamarche.
(2) Delamarche.

3° Vous avez omis la qualification de « propriétaire » attribuée à J.-B. Collas dans les actes ci-dessus cités. Bien que cette omission n'offre qu'une importance minime, je la signale parce que J.-B. Collas et son père, Jean-Auguste Collas, fermiers de la terre de Soupaize (dont dépendaient les Morins), propriété de M^me de Charry, se trouvaient, d'autre part, comme propriétaires, voisins et tenanciers de la terre de Châtelperron, appartenant également à la comtesse de Charry-Desgouttes. Je lis, en effet, sur un état de recette censitaire, dressé en février 1787, par le sieur Bernard, « régisseur de la baronie de Châtel- » perron », comme il se dénomme pompeusement, la mention suivante : « Juillet 1786, reçu » de M. Collas, pour 84 et 85, la somme de 133 l. » 13 s. ». Le total de cet état de recette s'élève à 1.153 l. pour 2 années et 24 censitaires. Aujourd'hui, le fisc se montre sensiblement plus vorace...

» Quant au prix de vente de la terre de Châtelperron, soit 95.596 fr., il donne 170 fr. de l'hectare, pour 560 hectares environ (terres et bois), contenance en 1803 de cette propriété qui, depuis, s'est considérablement agrandie. C'est un prix moyen pour l'époque; et si, de nos jours, la valeur des propriétés bourbonnaises s'est fort épanouie, on se saurait oublier que cette majoration provient en grande partie des nombreux travaux effectués, et des volumineux sacs d'or vidés pendant plus d'un siècle pour défrichements, constructions, chemins, ainsi que pour améliorations agricoles de toute nature.

» Il demeure indubitable, d'autre part, que

notre agriculture n'a prospéré que grâce à l'union bienfaisante du capital et du travail. Je me sens donc incliné à penser que les bienfaits de l'union fraternelle de tous les cœurs français semble tout autant désirable toujours et surtout dans la période si pleine de périls que traverse notre pays; et alors, on peut estimer que l'heure ne paraît pas peut-être particulièrement opportune pour raviver de vieilles querelles enfouies dans les cendres d'un passé plus que séculaire, mais qui, malgré les alliances de famille et toutes les évolutions de la politique, ne sont pas tout à fait éteintes dans certains recoins de notre vie provinciale...

» Très persuadé que nous ne saurions différer d'avis sur ce sujet, je vous prie, Monsieur, de vouloir bien agréer l'expression de mes sentiments très distingués ».

Le 18 décembre 1912, j'ai reçu de M. le Comte Rougane de Chanteloup une demande de rectification à laquelle je ne peux faire droit :

« J'ai lu, dit-il dans sa lettre, avec beaucoup d'intérêt votre deuxième volume sur la vente des biens nationaux; mais je crois vous signaler une très grosse erreur.

» Rougane-Prinsat n'a jamais été propriétaire des terres de la Maréchaude et des Dalbots, deux domaines que vous pouvez connaître, étant près de Vichy.

» *Ces deux domaines étaient des biens d'une femme Rougane, née Gravier ; ces deux domaines ne sont pas sortis de la famille, et c'est depuis fort peu de temps qu'un Rougane, mon cousin germain, Jésuite, a trouvé à propos de les vendre à des personnes de Vichy.....* »

Je n'ai pas écrit que Rougane-Prinsat fût propriétaire à un titre quelconque des terres des Dalbots et de la Maréchaude; je n'ai pas dit davantage que ces deux domaines avaient été aliénés administrativement par-devant le district de Gannat. J'ai consacré seulement sept ou huit lignes (page 144, seconde partie du tome II), à la vente aux Dalbots et à la Maréchaude d'effets mobiliers appartenant à Rougane-Prinsat (1). S'il se fût agi de la vente de ces terres elles-mêmes, je l'aurais placée dans la troisième partie du volume et non ailleurs. Or, elle n'y figure pas. Par suite de quel concours de circonstances les effets mobiliers de Rougane-Prinsat se trouvaient-ils à la Maréchaude et aux Dalbots, puisque ces deux domaines ne lui appartenaient en aucune façon ? Je me reconnais incapable de résoudre ce problème d'une façon précise. Toutefois, il est loisible de supposer que ces objets furent transportés en ces deux endroits par ordre du district de Gannat, afin d'attirer un plus grand nombre d'amateurs, à cause de la proximité de Vichy et de Cusset.

---

(1) Arch. dép., Q. 225, n° 15, travée 63, cas. 1-4.

Maintenant que sont effectuées toutes les rectifications qui m'ont été demandées et que j'ai répondu aux objections qui m'ont été faites, je vais mettre la main au dernier chapitre de la « Transmission de la propriété dans l'Allier sous la Révolution française ». Je déposerai ensuite la plume pour n'avoir plus à la reprendre à propos d'une époque si angoissante et si pleine de péripéties.

J. CORNILLON.



24 Juillet 1913.

# PREMIÈRE PARTIE

# CHAPITRE I<sup>er</sup>

Les biens de première origine sous le Directoire exécutif. Vente, au chef-lieu du département, des communaux, des bois nationaux, des presbytères et des églises.

Lois du 28 ventôse an IV et instructions du Corps législatif du 6 floréal an IV, du 9 germinal an V, 16 frimaire an VI, 26 vendémiaire et 27 brumaire an VII.

Situation morale, sociale et politique des acquéreurs des presbytères et églises. Des membres de l'Administration centrale, des fonctionnaires publics, des anciens membres des comités révolutionnaires de la Convention nationale soumissionnent. Les communes ne peuvent le faire. Quelques magistrats et deux anciens conventionnels prennent part aux enchères.

Il fut vendu deux cent soixante-cinq églises ou chapelles et deux cent quatre-vingt-six presbytères.

Au moment du Concordat, le 26 messidor an IX, il y avait cent cinquante-quatre églises disponibles et quarante-six presbytères occupés par des instituteurs.

Lois du 11 frimaire an VIII et 18 germinal an X.

Etablissement des succursales. Le clergé concordataire, sa composition, son manque d'homogénéité.


## I


A l'avènement du Directoire exécutif, les finances publiques se trouvaient dans un état aussi désastreux qu'au commencement de la Révolution, pour différents motifs dont le principal était, sans contredit, la guerre extérieure. La France avait, il est vrai, conclu la paix avec l'Espagne et la Prusse, mais elle était encore en lutte avec l'Autriche et l'Angleterre, et bientôt la Russie allait se coaliser avec ces deux dernières puissances et mettre en marche son armée vers l'Occident. C'était un nouveau péril ajouté à tant d'autres et de nouvelles charges qui allaient aggraver le déficit. Le budget ordinaire n'étant pas susceptible de pourvoir à l'équipement et à l'entretien des troupes de la République, il était indispensable de recourir à d'autres moyens financiers pour faire face aux exigences d'une situation aussi critique.

Par suite des conspirations, des soulèvements partiels et de l'incertitude du moment, le papier-monnaie était avili ; l'argent se cachait partout et le crédit n'était nulle part. Si un emprunt d'une centaine de millions pouvait à la rigueur avoir des chances d'aboutir, il n'en était pas de même de l'emprunt d'un milliard nécessaire pour solder l'arriéré et faire des avances de fonds au Trésor. Le Directoire exécutif était donc acculé à la nécessité de vendre encore des biens nationaux pour donner de l'élasticité à ses finances, maintenir ses armées sur le pied de guerre, garder les conquêtes que la Convention avait faites au Nord et défendre le territoire de la France à l'Est. C'est ce qu'il s'empressa de faire, quoiqu'il se rendît parfaitement compte qu'en multipliant les séances de vente il dépréciait forcément aux yeux des spéculateurs et des acquéreurs sérieux la valeur intrinsèque des propriétés immobilières qu'il avait à sa disposition.

Les gouvernements précédents, Constituante, Législative et Convention, avaient aliéné la plus grande partie des biens de première origine. Ceux des congrégations religieuses étaient passés presqu'en totalité dans les mains des particuliers; ceux des hôpitaux avaient été fortement entamés, et sans le décret du 9 fructidor an III, les asiles de refuge et les maisons de secours eussent été dans l'obligation de congédier leurs pensionnaires et de fermer leurs portes.

De tous les biens de première origine, seuls les communaux, les bois de la couronne, les presbytères et les églises restaient sous la main du Directoire exécutif. Par un décret du 10 juin 1793, la Convention s'était approprié une foule de masures, d'emplacements et de parcelles de terre situés sur les fossés et les remparts des villes et le long des rivières. Tous ces objets, qui faisaient partie du patrimoine des communes, étaient sans grande valeur. Le Directoire exécutif les fit mettre en vente; néanmoins il réserva les places, promenades, voies publiques et édifices nécessaires aux habitants.

Quoique les forêts domaniales eussent été soumises à des coupes anticipées et que l'administration de la marine en eût abattu les plus beaux arbres, elles offraient au Directoire exécutif une ressource précieuse. Cependant, il ne se dirigea vers elles que d'un pas mal assuré et n'osa y toucher que d'une main timide et embarrassée. Seuls, les bois au-dessous de trois cents arpents et éloignés des autres taillis de moins d'un kilomètre lui furent abandonnés en vertu de la loi du 2 nivôse an IV.

Les presbytères et les églises étaient les uniques biens de première origine qui pussent procurer immédiatement au Trésor des ressources importantes à condition qu'on s'inquiétât de la solvabilité des adjudicataires et qu'on n'exigeât pas d'eux des paiements trop rapprochés. Par suite de la suppression du culte catholique et de son remplacement — le 10 brumaire an II — par celui de la Raison, ces deux catégories d'immeubles devenaient superflues, et étaient pour le fisc une proie facile. Cette particularité n'échappa point à l'œil vigilant de la Convention nationale, et, trois jours après, elle déclara que l'actif des fabriques, des églises cathédrales, particulières et succursales, ainsi que l'acquêt des fondations, feraient dorénavant partie des propriétés nationales ; les meubles et immeubles seraient régis, administrés ou vendus comme les autres biens domaniaux.

La Convention nationale ayant en ce moment-là sous séquestre les biens des émigrés, dont la vente dans beaucoup de départements était à peine commencée, ne s'occupa plus des églises et des presbytères, et les laissa à la disposition des administrations locales, qui s'en servirent comme lieux de réunion, ou bien les affectèrent à des services publics. Ceux qui n'avaient reçu aucune destination, furent fermés et placés sous la surveillance des agents du Domaine. Au moment de la séparation de la Convention nationale, cette situation n'avait subi aucune modification ; les presbytères, pas plus que les églises, n'étaient vendus, ni même à vendre. On semblait les tenir en réserve pour des besoins urgents. Ce fut seulement à partir du 28 ventôse an IV que ces immeubles subirent le feu des enchères, et ce fut à propos de l'émission de deux milliards quatre cent millions de mandats territoriaux destinés à remplacer les assignats à raison de trente capitaux pour un, que cet événement se produisit.

La loi du 28 ventôse an IV, complétée par les instructions du Corps législatif du 6 floréal de la même année, eut des conséquences énormes au triple point de vue social, politique et économique, car elle détruisit d'un trait de plume le dernier asile de la religion et le refuge même de ses ministres.

Les dispositions fondamentales de cette loi importante ont besoin d'être connues dans leurs parties essentielles. Nous allons les rappeler, car notre récit y gagnera en clarté : « Les mandats porteront avec eux hypothèque, privilège et délégation spéciale sur tous les domaines nationaux situés dans toute l'étendue de la République, de manière que tout porteur de ces mandats pourra se présenter à l'administration du département et examiner la situation du domaine national qu'il voudra acquérir, et le contrat de vente lui en sera passé sur le prix de l'estimation qui lui en sera faite, à la condition d'en payer le prix en mandats, moitié dans la première décade et l'autre moitié dans les trois mois.

» La valeur des biens à vendre sera fixée

sur le pied de 1790 et calculée à raison de 22 fois leur revenu net pour les terres labourables, prés, bois, vignes et dépendances, d'après les baux existants en 1790.

» A défaut de baux, la valeur de ces biens en sera fixée d'après le montant de la contribution foncière de 1793, en prenant pour revenu net quatre fois le montant de cette contribution et multipliant cette somme par 22.

» Les maisons, usines, cours et jardins en dépendant seront également évalués sur le pied de leur valeur en 1790, calculée à raison de 18 fois leur revenu net, d'après les baux existants en 1790.

» A défaut de baux, l'estimation en sera faite par experts, l'un nommé par l'administration du département, l'autre par le soumissionnaire; et, en cas de partage, un tiers sera nommé par l'administration.

» Sur les deux milliards quatre cent millions de mandats, il sera employé la quantité nécessaire pour retirer à raison de 30 capitaux pour un tous les assignats qui restent en circulation ».

La loi du 9 germinal an V précisa davantage la situation des presbytères et églises vis-à-vis du fisc et des acquéreurs, et introduisit aussi des clauses importantes concernant le mode et la nature du paiement : « Il sera incessamment procédé, y est-il dit, à la vente de tous les bâtiments nationaux qui ne tiennent pas à des propriétés rurales, à des usines, ou qui ne servent pas à leur exploitation.

» Les ventes seront ouvertes par les administrations de département, quinzaine après l'affiche.

» Les enchères seront ouvertes sur une première offre égale aux trois quarts de l'évaluation des bâtiments estimés.

» Quant aux bâtiments non estimés, le revenu en sera fixé par des experts et les enchères seront ouvertes sur l'ordre de 15 fois le revenu.

» Le prix des bâtiments vendus sera payable en entier en inscriptions au grand livre de la dette publique perpétuelle.

» Le quart sera acquitté dans les dix jours de l'adjudication et avant la prise de possession.

» Les trois quarts restants seront acquittés dans les deux mois suivants.

» Indépendamment du prix stipulé, les adjudicataires seront tenus de payer, dans les dix jours, en numéraire, le droit d'enregistrement qui demeure fixé à un sou par cent francs, pour tenir lieu des frais de la vente et attribution des fonctionnaires et employés qui sont chargés d'y procéder ».

L'obligation de payer en numéraire les droits d'enregistrement et autres frais provoqua une véritable crise financière sur les presbytères et les églises, parce que l'argent avait été retiré de la circulation, son usage en ayant été interdit entre particuliers dès le 28 ventôse an IV.

La loi du 16 frimaire an VI aggrava encore

cette crise en fixant à deux sous par cent francs le droit d'enregistrement, qui n'était que d'un sou antérieurement, et en accordant aux administrateurs de département, à leurs employés et aux directeurs des domaines, tant pour leurs rétributions personnelles que pour les dépenses à leur charge, un franc en numéraire par 1.000 francs du prix total de la vente. Les adjudicataires furent, en outre, astreints à solder la moitié de la mise à prix de leur acquisition, soit en numéraire, soit en obligations ou en inscriptions du tiers consolidé, et le surplus en bons de remboursement de la dette publique.

Les obligations, une fois souscrites, ne purent être acquittées qu'en numéraire.

Toutes ces dispositions législatives, promulguées à de courts intervalles, étaient confuses, sujettes à controverse, et éloignaient des enchères, par leur obscurité même, beaucoup d'acquéreurs étrangers au droit civil et aux procédés captieux du moment.

En jetant de la lumière sur les clauses et conditions des adjudications définitives des églises et presbytères, les lois des 26 vendémiaire et 27 brumaire an VII facilitèrent les transactions entre l'Etat et les particuliers. A partir de ce moment-là, presbytères et églises durent être payés exclusivement en bons de remboursement des deux tiers de la dette publique, et les adjudicataires durent s'acquitter par sixième, de trois mois en trois mois, sous peine de déchéance.

C'est en vertu des lois du 28 ventôse an IV,

26 vendémiaire et 27 brumaire an VII que furent aliénés, le plus habituellement, les églises et presbytères dans l'Allier et probablement aussi dans les autres départements, sous le Directoire exécutif.

## II

La Constitution de l'an III ayant supprimé les districts, ce fut au siège de l'Administration centrale, à Moulins même, que s'effectua la vente des biens nationaux à quelque série qu'ils appartinssent. Ceux de première origine ouvrirent la marche le 17 prairial an IV, trois mois après la promulgation de la loi du 28 ventôse de la même année.

Si la sérénité et la majesté des séances furent les mêmes que précédemment, la composition de l'assistance et l'aspect du prétoire furent tout différents. Les meilleures places étaient occupées par une tourbe d'agents d'affaires véreux qui se qualifiaient d'hommes de loi. C'étaient des avocats sans cause, des notaires, avoués, huissiers, procureurs, agents nationaux, greffiers, syndics, médecins, banquiers, que les villes et les villages du département avaient vomis sur le chef-lieu. Chassés de leur pays natal à cause des malversations dont ils s'étaient rendus coupables et de l'horreur qu'inspirait la tyrannie qu'ils avaient exercée sous la Terreur, ces épaves de l'ancien régime et de la Révolution s'étaient réfugiés à Moulins afin d'éviter de justes représailles. Parmi ces hommes, les uns avaient ramassé une certaine fortune dans des opérations louches, et ne demandaient qu'à la grossir aux dépens du public ; les autres étaient pauvres et cherchaient à s'enrichir au moyen de combinaisons tortueuses que les lois pénales n'avaient pas encore prévues. Ils guettaient les acquéreurs, comme le chasseur épie le gibier au coin d'un bois, s'efforçaient de les attirer à leurs cabinets, s'enquéraient de leurs projets et finalement offraient leurs services soi-disant désintéressés. Ne manquant aucune audience, ils y représentaient les gens trop éloignés pour s'y rendre à temps et ceux qui, pris de scrupules, désiraient que leur participation restât ignorée et que leur signature ne figurât pas au bas du contrat de vente. Tous ces agents d'affaires, achetaient presbytères et églises en leur nom personnel, et comme ils avaient trois jours pour faire leur déclaration de command ou d'ami, ils venaient le lendemain aux bureaux de l'Administration centrale déposer le fardeau dont ils s'étaient chargés. Pour avoir prêté leur nom pendant un jour, ils réclamaient généralement à l'acquéreur réel une commission de 5 0/0 du prix total de l'adjudication. Quand ils espéraient un bénéfice plus élevé et qu'ils avaient affaire à un acquéreur timoré, ils gardaient leur acquisition un ou deux mois et lui en consentaient la cession au prix d'achat, par devant notaire, mais avec une prime de 10 à 15 0/0 et même davantage. Tous ces larrons s'entendaient ensemble à merveille. Pour ne pas faire monter les enchères, ils ne misaient jamais les uns sur les autres, qu'après s'être entendus au préalable sur les objets que chacun d'eux convoitait.

La situation sociale des adjudicataires des communaux et des biens de la couronne n'a pas de caractère déterminé, à cause du petit nombre de ventes qui eurent lieu et de leur faible importance. Il n'en est pas de même de celle des acquéreurs de la dernière tranche des propriétés du clergé. Lorsqu'on aliéna les immeubles des congrégations religieuses sous la Constituante et au commencement de la Législative, un grand nombre de membres de la noblesse, des privilégiés et de la bourgeoisie prirent part aux enchères.

Lors de la vente des presbytères et des églises sous le Directoire exécutif, les nobles, ayant émigré en masse, se trouvèrent forcément écartés des opérations financières en cours. Ceux qui étaient restés dans leurs châteaux et avaient continué de servir leur pays s'abstinrent, en général, à cause de leurs opinions religieuses, de participer à un acte qu'ils considéraient comme une spoliation. Quelques-uns d'entre eux figurent cependant parmi les acquéreurs; ce sont M<sup>mes</sup> de Labrousse, de Balorre, de Reclesne, Andras de Poiseux, née de Saint-Cy; MM. Biotière marquis de Tilly, Martinant de Préneuf, Préveraud de Laboutresse, Deschamps de Verneix, les mineurs Cadier de Veauce; mais la plupart d'entre eux n'eurent jamais l'intention de conserver leur acquisition et d'en tirer profit.

La classe moyenne de la société s'élança avec peu d'ardeur à l'assaut des églises, parce que ce genre d'immeubles ne pouvait servir qu'au culte. Il n'en fut pas de même des presbytères. Rentiers, propriétaires, commerçants, artisans les recherchèrent, soit pour les habiter eux-mêmes, soit pour loger leurs métayers et leurs fermiers. Ces maisons ayant été fermées et inhabitées depuis plusieurs années, n'étaient certes pas toujours fort confortables, mais avec quelques réparations à la toiture, on pouvait se procurer un logement commode et à peu de frais. En voici un exemple. Le presbytère de Saint-Pont fut vendu en prairial an IV à Bohat, notaire à Moulins. Quelque temps après, Cavy racheta cet immeuble et le trouva si convenable qu'il le donna en dot à sa fille lors de son mariage avec Dupuy, afin de servir d'habitation au jeune ménage.

Les fonctionnaires publics et ceux qui avaient été destitués après la chute du gouvernement révolutionnaire, ou bien avaient dû se retirer après le vote de la Constitution de l'an III, fournirent un gros contingent d'amateurs. Les membres de l'Administration centrale, Givois, Bohat, Barthélemy Verd, Favières, Delaire, Louvrier, prêchèrent d'exemple. Leurs employés, Reigneaud, Ferrand, Bourgeois, Mussier, Durantet, les imitèrent. Les préposés au Domaine, Papon, Duchier, Linotte, Couchard et le receveur général Jaladon, ne restèrent pas indifférents. Les anciens membres des comités révolutionnaires, ceux des districts et des municipalités, Hervier, Dérangeon, Laporte, Bilhaud, Ragon, Bichon, Merle, eurent aussi leur part du gâteau.

Les marchands de biens saisirent avec empressement l'occasion de spéculer. Brunet, Betin, Pierre et Michel Collin, Vindrinet, Bodin, Dupuis furent des plus favorisés par les enchères. A un certain moment, Betin et son beau-frère, Michel Collin, se trouvèrent en possession de 32 églises ou presbytères.

A force d'être ingénieux et habiles, certains de ces agioteurs se montrèrent parfois indélicats. Le 24 thermidor an VII, J.-B. Brunet acheta l'église de Tizon, ne paya aucun terme de son acquisition et fut déclaré déchu. Malgré sa déchéance, il revendit cet immeuble à J.-B. Boyron, homme insouciant, qui négligea de faire purger les hypothèques.

La commune de Saint-Bonnet-Tizon ayant été réunie à Bellenaves pour le spirituel, J.-B. Boyron fit alors fermer les portes de cette église et ne s'en occupa plus, bien qu'elle eût besoin de réparations extérieures. En 1833, la commune de Saint-Bonnet-Tizon demanda à l'administration préfectorale l'autorisation de la vendre, parce qu'elle était inutile et tombait en ruine. Le fils Boyron ayant eu connaissance de cette demande, se souvint que son père avait acheté de bonne foi cette église à J.-B. Brunet, et il adressa aussitôt au sous-préfet de Gannat une pétition — avec pièces justificatives à l'appui — par laquelle il prétendait être seul propriétaire de l'église qu'on voulait aliéner. Après de longues hésitations, le sous-préfet de Gannat, de Bonnault, fut d'un avis opposé, et, le 30 juillet 1834, il autorisa la commune de Saint-Bonnet-Tizon à poursuivre Boyron en restitution de l'église.

D'après la loi du 3 ventôse an III, il était interdit aux communes de se rendre adjudicataires en nom collectif. Les habitants aisés des localités, qui étaient fermement attachés à la religion catholique, tournèrent cette difficulté en achetant nominativement leur église et en la payant de leurs propres deniers. C'est ce qu'on fit à Beaulon, Branssat, Bayet, Sussat, etc. Parfois on procédait d'une autre manière, peut-être plus expéditive et plus juste, mais très dangereuse pour la bourse des particuliers. Les habitants faisaient une collecte entre eux et, lorsqu'ils avaient recueilli les fonds nécessaires, ils déléguaient un ou deux notables à Moulins pour prendre part aux enchères. Le superflu, s'il en restait, était employé à acheter des ornements sacerdotaux, et, par contre, s'il y avait du déficit dans la caisse commune, on faisait une quête supplémentaire pour le combler. Aucun pouvoir écrit n'était remis par les habitants à leurs mandataires. On se fiait à leur probité, à leur droiture. Le plus souvent, nous devons le reconnaître, les mandants ne furent pas trompés dans leurs prévisions; mais il arriva parfois que certains de leurs représentants, étourdis par l'appât du lucre, se montrèrent infidèles et conservèrent pour eux seuls l'acquisition qu'ils avaient faite pour la collectivité. Voici plusieurs exemples de cette infidélité :

Claude-Pierre Papon des Rioux était, certes, un des hommes les plus astucieux et les moins scrupuleux du canton d'Ebreuil. Il ne négligea aucune occasion d'arrondir sa fortune au détriment d'autrui. Quand l'église de Vicq fut mise aux enchères, il répandit adroitement le bruit qu'il avait la ferme intention d'acheter cet immeuble, non pour en retirer un avantage personnel, mais afin d'être utile à ses concitoyens. En présence d'affirmations aussi catégoriques et répétées à tout propos, personne n'eut l'idée de soumissionner, tant on avait confiance en sa parole d'honneur et à la sincérité de son caractère.

Claude-Pierre Papon n'eut pas de concurrent, et, le 7 thermidor an IV, il devint adjudicataire de l'église de Vicq pour la somme dérisoire de 784 fr., payable en assignats, ce qui représentait en numéraire métallique, au cours du jour, 31 fr. 36. L'Administration centrale trouva ce prix si modique qu'elle annula la vente; mais quand le ministre des finances Ramel fut informé qu'elle avait été consentie en faveur de la commune, il ordonna qu'elle sortirait son plein et entier effet.

Lors du rétablissement du culte, l'église de Vicq, délaissée depuis longtemps, avait besoin de réparations urgentes. Claude-Pierre Papon déclara à maintes reprises qu'il ne voulait pas participer à la dépense qu'elles occasionneraient, car il n'était qu'un simple dépositaire, un mandataire officieux des habitants, et que c'était à eux-mêmes, par conséquent, à les exécuter. Le conseil municipal partagea cette opinion, fit exécuter les réparations et versa à l'entrepreneur la somme de quatre cents francs.

Quand l'église fut en bon état, Claude-Pierre Papon l'afferma 150 fr. par an à Pierre Bourdier, qui la sous-afferma le même prix à la commune. Dans l'esprit des habitants, il semblait que cet argent était destiné, soit à indemniser l'adjudicataire de ses avances personnelles, soit à rembourser un emprunt contracté pour le rachat du presbytère. Loin de se ranger à cet avis, Claude-Pierre Papon avait conçu l'arrière-pensée de mettre encore une fois la commune à contribution.

Le 25 octobre 1810, le maire de Vicq, Boirot dit Gambette, lui demanda confidentiellement à quelles conditions il abandonnerait l'église à la commune. Claude-Pierre Papon répondit qu'il en voulait 7.000 fr., se réservant en outre, tant pour lui que pour sa famille, la chapelle de Notre-Dame, avec la faculté de la renfermer par une grille, comme aussi avec le droit au passage conduisant de cette chapelle au chœur.

Le 8 mars 1811, le conseil municipal se réunit à la mairie pour statuer sur l'offre verbale qui avait été faite au maire. Après un court examen de la question, il fit répondre à Claude-Pierre Papon que le prix de 7.000 fr. était exorbitant et que son immeuble ne valait pas plus de 3.000 fr.

A partir de ce moment, la guerre était déclarée. Claude-Pierre Papon demanda le renvoi immédiat du sacristain, Gilbert Grand-saigne, parce qu'il lui déplaisait. Le desservant ne crut pas devoir déférer à ce désir et se séparer de son modeste subordonné. L'irascible propriétaire saisit ce prétexte pour déclarer que si le sacristain et le desservant n'étaient pas « expulsés de la commune, il ne fallait plus compter sur la restitution de l'église ». Les autorités civiles et religieuses ayant refusé de subir sa volonté, Claude-Pierre Papon fit notifier à son fermier, Bourdier, qu'une fois son bail expiré, il n'entendait plus lui continuer la location de l'église, et le fit actionner pour quitter cet immeuble et lui en rendre les clefs le 24 juin 1812.

Après avoir épuisé les moyens de douceur, l'administration locale se décida à agir avec vigueur. Le conseil municipal de Vicq se rassembla trois fois pendant le cours de l'année 1812 et autorisa le maire à faire exproprier Claude-Pierre Papon pour cause d'utilité publique. Mais on avait affaire à un avocat retors, ferré à glace sur la procédure; aussi ces trois délibérations restèrent-elles lettres mortes.

A Buxières-la-Grue, la mauvaise foi de la veuve et du fils aîné de l'acquéreur de l'église souleva l'indignation publique. Le 12 messidor an IV, Claude Fallier se rendit adjudicataire de cet édifice et en paya le prix au moyen d'une collecte faite entre lui et les habitants. Après sa mort, sa veuve, née Suzanne Jaunet,

et son fils aîné cherchèrent à se dessaisir de
cet immeuble, qui leur était à charge plutôt
qu'à bénéfice. Le 1er germinal an XIII, ils se
présentèrent l'un et l'autre devant Mestraud,
maire de Buxières-la-Grue, et déclarèrent
renoncer à l'acquisition qui avait été faite par
Claude Fallier, « se réservant toutefois dès
à présent et pour toujours l'emplacement de
quatre chaises pour eux et les leurs, dans la
chapelle de la Vierge, aux lieux qui leur
conviendraient, sans aucune rétribution quelconque, pour raison de laquelle ils disent et
démontrent que l'acquisition susdite a occa-
sionné des frais d'expertise et de voyage pour
lesquels ils ne font aucune réclamation ».

Cette renonciation, avec la réserve dont il
vient d'être fait mention, fut approuvée par
Napoléon Ier, le 13 fructidor suivant. Lorsque
les fabriciens et les autres habitants de
Buxières-la-Grue furent instruits de cette décision, ils poussèrent les hauts cris et adressèrent même une énergique protestation au
préfet. Certains passages de cette pétition
trouveront utilement leur place dans ce chapitre : « La mauvaise foi, y est-il dit, de la
veuve Fallier et de ses enfants est évidente.
Ils ont commencé à tromper la municipalité
en faisant une fausse déclaration, en lui
assurant que l'église et la sacristie de Buxières
fut achetée pour et au nom des habitants
et payée de leurs deniers au moyen d'une
collecte faite entre eux, et qu'elle n'avait pas
suffi à assurer ledit paiement et les faux frais.

» Feu Claude Fallier... fut déclaré adjudicataire de l'église et de la sacristie pour 1.080 fr. Les engagements pris avec lui furent sur-le-champ exécutés.

» Les réserves de la veuve Fallier et de ses enfants sont donc mal fondées; et les reçus que nous avons entre les mains établissent leur mauvaise foi et prouvent qu'ils ont fait un gros bénéfice. Les habitants auraient fait volontiers l'abandon de ces bénéfices si la veuve Fallier et ses enfants n'usurpaient pas à l'église trente francs de revenu représentant un capital de six cents francs ».

Le curé de Valigny, Philibert Bourgougnon, était le type le plus accompli du fripon. Sans dignité et sans morale, il exploita habilément, à son profit, la crédulité publique. Après le décès de leur desservant, les habitants prièrent leur compatriote, Philibert Bourgougnon, de remplir les fonctions curiales. Il accepta cette offre avec empressement, et lorsqu'il fut question de mettre l'église aux enchères, il engagea vivement ses paroissiens à l'acheter, et, pour arriver à ce but, il recommanda une quête. Elle eut lieu, effectivement, et son produit fut déposé entre les mains du maire, Jean Simonnet.

Dès que l'époque de l'adjudication fut annoncée, Philibert Bourgougnon et Jean Belleret, propriétaire et membre du conseil municipal, se rendirent à Moulins pour faire l'acquisition de l'église au nom des habitants de la paroisse. A la vérité, leur mandat n'était que verbal, tant on avait confiance dans l'honnêteté de ces deux commissaires. Malheureusement, cette confiance était mal placée; ce dont on ne tarda pas à s'apercevoir.

Le 12 floréal an VII, Philibert Bourgougnon et Jean Belleret achetèrent l'église de Valigny moyennant le prix principal de 16.100 fr., payables en bons de remboursement, et représentant en espèces environ 300 fr.

Une fois de retour dans leur pays, ils réclamèrent à Jean Simonnet ladite somme de 300 fr. et 60 fr. pour leurs frais de voyage. La quête n'ayant produit que 317 fr. 50, ils saisirent ce prétexte pour garder leur acquisition.

Au commencement de l'an IX, Parent père, qui était très lié avec le curé Philibert Bourgougnon, lui offrit de rembourser les 40 ou 50 fr. que lui et son collègue étaient en droit d'exiger des habitants. Voici ce qu'il lui répondit, le 30 ventôse suivant : « A peine fûtes-vous sorti de chez moi, que Belleret entra, et comme il est le principal acquéreur de l'église et le seul payeur, je lui dis que je voulais faire venir le notaire. Il me donna l'assurance que, pour cette semaine, il ne pouvait se trouver à Valigny; qu'en conséquence, il fallait différer à l'autre semaine ou bien aux fêtes de Pâques. Comme il n'est pas aisé de terminer sans lui, j'ai adhéré à ses volontés. Un peu plus tôt, un peu plus tard, il faut toujours en venir là! »

Après cette réponse évasive, plusieurs propriétaires de Valigny se rendirent aussitôt chez Philibert Bourgougnon et lui promirent 480 fr., tant pour l'église que pour la cloche. Il accepta et s'engagea même à passer acte devant notaire le dimanche suivant.

C'était un subterfuge, car le 2 germinal suivant, c'est-à-dire deux jours après cet entretien, Jean Belleret et lui-même cédaient, à l'insu de tout le monde, la moitié de leur acquisition commune, à Jean Simonnet et Philibert Chapus, par devant Buffault, notaire à Ainay.

Sur ces entrefaites, Philibert Bourgougnon fut déplacé et nommé desservant à Dun-le-Roi. Il revint à Valigny le 26 floréal an X et annonça à l'adjoint Etienne Parent que si on lui donnait 500 fr., « il passerait vente de l'église et de la cloche, pourvu que tous les habitants fussent dénommés dans l'acte, parce qu'il n'entendait pas la céder à dix ou vingt, mais à tout le monde ». Comme il n'y avait pas de notaire dans la localité et que tous les habitants n'étaient pas présents, il ne fut pas possible de remplir cette condition, qui n'était qu'un nouveau subterfuge de la part de ce rusé ecclésiastique. En effet, Etienne Parent, ayant réuni la somme réclamée, demanda par écrit à Philibert Bourgougnon s'il était enfin disposé à tenir la parole qu'il avait donnée et à recevoir les fonds qu'il avait en caisse. Celui-ci répondit, le 13 prairial an X, « qu'il ne voulait pas chercher à gagner sur les habitants, pour qui il avait acheté l'église et la cloche, qu'il était inutile de lui envoyer l'argent, et que, comme il comptait aller au pays aux environs de la Saint-Jean, on finirait cette affaire ».

Cette dernière promesse ne fut pas mieux remplie que les autres. Philibert Bourgougnon ne vint point à l'époque indiquée, et les habitants furent dupes encore une fois de la confiance qu'ils avaient mise en lui.

En présence de tant de duplicité, les pourparlers cessèrent, pour ne recommencer qu'en 1806. Cette fois, les habitants réussirent à traiter par écrit, avec Philibert Bourgougnon, le 17 juillet. Mais, au lieu d'être de 500 fr., le prix de l'église et de la cloche fut porté à 1.000 fr., et avec des clauses si onéreuses que le préfet refusa d'accepter ce contrat léonin et exigea un acte de vente « pur et simple ». Pendant longtemps, Jean Simonnet, Philibert Chapus et Jean Belleret ne voulurent pas le signer, sur les instances réitérées et perfides du curé Philibert Bourgougnon. Mais le besoin d'argent s'étant fait sentir, ils finirent par céder l'église et la cloche de Valigny à la commune, le 6 février 1810, moyennant la somme de 1.200 fr.

Le presbytère d'Echassières fut mis aux enchères le quatrième jour complémentaire de l'an VIII. Ce fut Gilbert Buvat qui fut déclaré adjudicataire pour la somme de 1.300 fr. Il avait été convenu verbalement entre les habitants que celui d'entre eux qui ferait l'acquisition de cette maison la céderait à la commune au prix coûtant. Mais une fois que Gilbert Buvat l'eut en sa possession, il ne tint pas sa promesse, et le conseil municipal d'Echassières se vit alors obligé de bâtir un presbytère sur le foirail pour n'avoir pas à subir ses prétentions.

J.-B. Dubost, François Michaud-Desprez, Berthomier Laly, Guillaume Mathé, Charles Martinat-Chaumont et sa mère achetèrent conjointement l'église de Noyant, le 12 floréal an VII. Il était convenu oralement entre eux qu'ils ne faisaient cette acquisition collective que pour la remettre ensuite à la commune dès que le culte y serait rétabli, sans qu'aucun des adjudicataires pût la convertir en propriété privée et, bien moins, en faire l'objet d'un commerce ou d'une spéculation quelconque. Ces promesses, faites sur « l'honneur », furent tenues fidèlement par tous les acquéreurs, sauf par Charles Martinat-Chaumont.

Les 31 mars et 21 mai 1811, J.-B. Dubost, François Michaud-Desprez, Berthomier Laly et Guillaume Mathé abandonnèrent à la commune de Noyant les quatre sixièmes de l'église moyennant la somme de 1.200 fr., soit 300 fr. pour chacun d'eux. Ils se réservèrent toutefois le droit de faire placer deux bancs, l'un à droite du chœur, pour Desprez, Mathé et leurs descendants ; l'autre à gauche, pour J.-B. Dubost, Berthomier Laly et leurs ayants cause ; et ce, à perpétuité, sans aucune rétribution de leur part, avec faculté de pouvoir élargir ces bancs sur une étendue de 32 centimètres. En outre du prix principal de 1.200 fr., on devait payer à J.-B. Dubost 220 fr. pour des réparations qu'il avait fait exécuter d'urgence.

Charles Martinat-Chaumont consentit également à faire l'abandon à la commune de Noyant des deux sixièmes de l'église qui lui appartenaient ainsi qu'à sa mère, avec l'attribution d'un banc pour six personnes, dans un endroit de l'édifice que désigneraient les marguilliers. Mais pour la cession de ces deux sixièmes, il réclama une somme de 2.200 fr., sous prétexte que les experts Nollet et Chomeille, chargés de l'estimation de l'église, en avaient fixé la valeur à 6.600 fr. Ce qui était parfaitement exact.

Dès que le conseil municipal de Noyant eut connaissance des exigences de Martinat-Chaumont, il les rejeta avec dédain et demanda à faire liciter l'église. De son côté, le maire Mathieu proposa d'en faire construire une autre et offrit même gratuitement un emplacement pour cette édification. Lorsque le préfet fut instruit de tous ces projets, il n'hésita pas à les qualifier de déraisonnables et ne s'occupa plus de cette commune. Le dossier de cette délicate affaire fut déposé dans les cartons d'un de ses bureaux, où il dormit paisiblement jusque sous la Restauration.

Le 22 mars 1821, le préfet de l'Allier tenta un dernier effort. Il fit observer à Charles Martinat-Chaumont que la somme de 2.200 fr. qu'il réclamait pour son tiers de l'église de Noyant était exorbitante, attendu que le monument tout entier n'en valait pas plus de 1.800 fr.; que la commune était trop pauvre pour supporter la charge énorme qui résulterait d'un tel prix et acquitter en même temps les réparations considérables qu'il faudrait faire aux murs et à la toiture; enfin, que s'il ne se montrait pas plus conciliant, l'évêque se verrait contraint de retirer le desservant et de transporter à Cressanges ou bien à Châtillon le siège de la succursale.

Aucune de ces considérations ne put triompher de la duplicité et de l'entêtement de Charles Martinat-Chaumont. Il n'y avait plus, dès lors, qu'à classer l'affaire. C'est ce que fit l'administration préfectorale.

### III

La dernière vente des presbytères et églises eut lieu le 29 frimaire an X. Cette vaste opération financière avait duré près de six ans. Elle fut très active pendant les trois derniers mois de l'an IV, se ralentit sensiblement en l'an V, reprit à la fin de l'an VI et marcha très vivement en l'an VII. Les événements qui précédèrent et suivirent le Coup d'Etat du 18 fructidor ne furent pas étrangers à toutes ces fluctuations. En l'an VIII, les salles de vente furent presque désertes, à cause des obligations extrêmement dures qui furent imposées aux débiteurs de l'Etat par la loi du 11 frimaire. A partir de ce jour-là, ceux qui avaient acheté des presbytères et des églises, en vertu de la loi du

9 germinal an V, étaient tenus de solder un tiers de la somme totale du prix de leurs acquisitions en tiers consolidé et de payer en numéraire le restant du prix, à raison de deux francs par cent francs dus originairement en bons des deux tiers. Ceux qui avaient acquis ces sortes d'immeubles dans l'intervalle de la loi du 29 fructidor an VI, jusqu'à la publication de celle du 26 vendémiaire an VII, devaient solder en tiers consolidé la première moitié de la mise à prix et acquitter le surplus en numéraire, à raison de deux francs par cent francs. Toutes ces catégories d'acquéreurs étaient obligées de déclarer dans le délai d'un mois, par devant l'administration centrale de leur département, qu'ils entendaient profiter du bénéfice de la présente loi, faute par eux de faire cette déclaration ils étaient irrévocablement déchus de plein droit et dépossédés, sans qu'il y eut besoin d'aucune autre formalité. En même temps, ces acquéreurs étaient tenus de souscrire, pour la partie payable en numéraire, quatre cédules ou obligations, exigibles en numéraire de deux mois en deux mois, faute de quoi ils étaient déchus et dépossédés. Indépendamment du prix de vente, ils étaient contraints de payer l'intérêt à 5 0/0 de toutes les sommes qu'ils devaient, depuis l'époque des paiements qu'ils n'avaient pas effectués jusqu'au jour de leur libération (1). Beaucoup de spéculateurs

(1) Voir articles 7, 8, 10 et 11 de la loi du 11 frimaire an VIII.

furent ruinés par suite de ces dispositions législatives, car presque tous étaient en retard pour leurs paiements. Ils furent déclarés déchus et durent se retirer des salles de vente. A partir de ce moment-là, jusqu'à la promulgation de la loi du 18 germinal an X, il y eut encore quelques séances d'adjudication de biens nationaux de première origine, mais elles furent sans importance et n'offrent qu'un faible intérêt au point de vue économique.

Sous le Directoire exécutif, il fut vendu dans l'Allier deux cent soixante-cinq églises et chapelles et deux cent quatre-vingt-six presbytères environ. D'après l'état fourni le 20 floréal an X au préfet, par Papon, directeur de l'enregistrement à Moulins (1), quatre-vingt-trois églises retournèrent à la nation, par suite de la déchéance des acquéreurs, et soixante et onze d'entre elles ne subirent pas le feu des enchères, à cause de leur affectation à un service public. En additionnant tous ces chiffres, on trouve qu'au moment du Concordat, il y avait cent cinquante-quatre églises disponibles dans l'Allier.

En ce qui concerne les presbytères, cet état est moins explicite. Trente-six de ces immeubles n'avaient pas été aliénés, parce qu'ils servaient d'école et étaient habités par des instituteurs; mais il n'est pas question, dans ce travail, de tous ceux qui retombèrent dans le domaine public par suite de la déchéance des adjudicataires. Ce chiffre doit être au

_______

(1) Arch. départ. de l'Allier, série V, 557, 540, 850.

moins égal, sinon supérieur à celui des presbytères qui n'avaient pas été aliénés. Ce n'est donc pas cent quatre-vingt-dix maisons religieuses, comme l'écrit Papon, mais deux cent trente-six et même davantage qui appartenaient à l'Etat au moment du Consulat.

Pour des motifs divers, les églises des villes et des grosses agglomérations avaient été généralement épargnées. Celles de Cusset, Chantelle, Saint-Pourçain, Gannat, Vichy, Ainay-le-Château, Lurcy-le-Sauvage, Cérilly, Bourbon-l'Archambault, Souvigny, Yzeure; la Collégiale, celles des Carmes et des Dominicains à Moulins, celles de Saint-Menoux, de Notre-Dame et Saint-Pierre à Montluçon, Néris, Commentry, etc., furent de ce nombre. Par contre, les chapelles et églises des petites communes rurales fournirent un gros contingent à la vente.

IV

La loi du 18 germinal an X attribuait une paroisse à chaque ressort de justice de paix et autant de succursales qu'il était nécessaire. L'évêque devait, d'accord avec le préfet, régler le nombre et l'étendue de ces succursales. Les édifices que l'Etat avait en sa possession étaient mis à la disposition du culte. Pour veiller à la conservation des temples, à leur entretien, à la distribution des aumônes, il serait établi des fabriques partout où le besoin s'en ferait sentir. Le travail

auquel on astreignait le préfet et M. de Dampierre, évêque de Clermont-Ferrand, qui avait
dans son diocèse le département de l'Allier,
était long, ardu et délicat. Il fallait tenir
compte tout d'abord des instructions du
pouvoir central, puis des intérêts des communes et, enfin, des exigences du culte.

L'Etat mettait dans l'Allier, à la disposition
de l'évêque de Clermont-Ferrand, 154 églises
et environ 80 ou 100 presbytères. C'était, au
moins, le double qu'il eût fallu pour que
chaque commune pût obtenir une succursale.
On dut donc en réunir deux ou trois ensemble
pour le spirituel. Dans l'établissement des
circonscriptions, on ne tint pas toujours
compte des convenances, des sympathies et
des mœurs des habitants. D'où des plaintes
réitérées qui avaient souvent de l'écho jusqu'au cabinet du ministre de l'intérieur.
Le gouvernement écrivait alors au préfet
que le besoin seul des communes devait être
pris pour règle, et on l'invitait à examiner
avec soin les rapports d'habitude que les
habitants pouvaient avoir entre eux. De son
côté, l'évêque de Clermont-Ferrand, M. de
Dampierre, cherchait à multiplier le nombre
des succursales pour faciliter l'accession des
fidèles aux offices, et se souciait médiocrement
de l'état des finances. Le préfet commençait
par résister, puis il finissait toujours par
céder aux sollicitations, aux démarches et aux
objurgations de ses administrés. Alors, le
ministre de l'intérieur reprenait la plume et
se plaignait que le chiffre des circonscriptions

était trop élevé et qu'il fallait les réduire dans une large mesure.

A toutes ces difficultés, il venait s'en ajouter d'autres tout aussi insurmontables. Quelques communes avaient conservé leur église et leur presbytère ; il était commode alors de les ériger en succursales. Mais beaucoup d'autres n'avaient que leur église et pas de presbytère ; la situation était plus délicate, car si on ne pouvait loger le prêtre, l'exercice du culte était presque impossible. Enfin, plusieurs communes avaient un presbytère et pas d'église ; dans ce cas, les offices ne pouvaient se célébrer que par suite de l'autorisation des acquéreurs de l'église. Beaucoup d'entre eux, à vrai dire, en cédaient gratuitement la jouissance aux desservants, mais ce n'était qu'une tolérance qu'ils pouvaient retirer à tout instant et qui n'engageait pas leurs héritiers.

Pour fournir des titulaires aux paroisses des villes, M. de Dampierre n'était pas dans l'embarras, mais pour satisfaire les communes rurales il n'en était pas de même. Beaucoup de prêtres étaient morts à l'étranger ou bien sur les pontons de l'île d'Aix ; plusieurs curés constitutionnels avaient abjuré et s'étaient mariés ; d'autres occupaient des fonctions publiques largement rétribuées et n'avaient pas l'intention de reprendre leur ministère. Les séminaires, ayant été fermés sous la Révolution, les ecclésiastiques, décédés ou retirés pour cause d'infirmités, n'avaient pas été remplacés. Il y avait, en un mot, pénurie de prêtres.

## V

La composition du clergé concordataire
devait fatalement se ressentir de cette situation précaire. Après de longs tâtonnements,
M. de Dampierre édifia une mosaïque d'êtres
humains, où les conceptions et les manières
d'agir étaient tout à fait différentes.

Par suite de ce manque de sujets, tous les
éléments se confondirent. L'évêque de Clermont-Ferrand pensa tout d'abord aux prêtres
qui n'avaient pas voulu se soumettre aux lois
de la Révolution et s'étaient enfuis à l'étranger
où ils avaient mené une vie errante pendant
dix ans. Il appela aussi, dès la première heure,
les survivants des pontons de l'île d'Aix, tous
ceux qui s'étaient réfugiés dans les bois, les
châteaux et les chaumières pour éviter la
déportation, ceux enfin qui avaient fait partie
des bandes insurrectionnelles du Midi et de
l'Ouest. C'étaient tous des purs, plus attachés
au Pape qu'à la France.

Pour obéir aux instructions du pouvoir
central et aux exigences de la situation,
l'évêque se résigna à demander le concours
des prêtres constitutionnels et il les enrôla sous
sa bannière. Malgré leur civisme, ils n'avaient
pas été à l'abri des persécutions sous la
Révolution. On les avait incarcérés, on les
avait réduits à la misère en supprimant leurs
traitements, on les avait chassés de leurs
paroisses en vendant les presbytères et les
églises, mais ils avaient prêté tous les ser-

ments. C'étaient, pour ce motif, des infidèles aux yeux de ce prélat.

Les prêtres retirés dans leur famille pour cause de lassitude, de vieillesse et d'infirmités temporaires, ou pour avoir voulu éviter les tracasseries des autorités locales et les suspicions des gens malintentionnés, constituaient un faible appoint qui, cependant, dans les circonstances présentes, ne devait pas être dédaigné.

Enfin, le clergé régulier, supprimé dès le commencement de la Révolution, avait encore dans ses rangs un certain nombre de moines dispersés de tous côtés. Plusieurs s'étaient mariés et ne comptaient plus pour l'exercice du culte ; mais quelques-uns d'entre eux étaient restés célibataires, vivant des produits de leur travail, ou bien occupant de petites fonctions maigrement rétribuées. Quoiqu'ils eussent oublié l'ensemble des pratiques religieuses, qu'ils fussent peu aptes à se plier à la discipline de l'Eglise et qu'ils fussent même déshabitués de la vie ecclésiastique, c'étaient, aux yeux de l'évêque de Clermont, M. de Dampierre, des victimes de la Révolution, et, en cette qualité, ils méritaient des récompenses.

Ce fut avec tous ces éléments de fortune qu'il organisa la première armée du clergé concordataire de l'Allier. Dans la répartition des cures, M. de Dampierre tint moins compte des aptitudes que des passions religieuses du moment. Les anciens ecclésiastiques réfractaires, avons-nous dit, furent l'objet principal de ses préoccupations. Il n'attendit même pas qu'ils fussent rentrés d'exil pour les nommer et leur attribuer les postes les plus avantageux et les plus à leur convenance. Tout l'état-major du clergé réfractaire, les de la Mousse, Boussac, Gilbert Dupont, Laurent Talbot, Portier, Pierre Dubost, Dagonin, Pierre et Sébastien Tridon, Vernoy de Saint-Georges, Meunier, Roux, Valarcher, etc., furent casés d'office. Il ne manquait à cette liste, pour être complète, que l'abbé Desgalois de la Tour; mais on réservait à celui-ci une situation plus en rapport avec les relations aristocratiques qu'il possédait et les services qu'il avait rendus à l'étranger, au roi et aux émigrés.

A cette troupe de paladins, le clergé régulier apportait son petit contingent de militants. C'étaient le capucin Chotard, l'ancien prieur Fouilhouse, le cordelier Volle, le minime Brulon, le chartreux Delepaux (1). Plusieurs personnalités marquantes du clergé constitutionnel étaient encadrées au milieu de ces ecclésiastiques de combat. On y retrouve les noms trop connus d'Aury, Batissier, Villefort, Chaussade, Fallier, Annet Meillet, Galien, Petitjean, Durin, Durieux, Dantigny, Rigondet, Goutte-Brousse, Quinery, Rougier, etc.

La majeure partie des curés et succursalistes furent recrutés dans l'Allier, mais plusieurs d'entre eux furent fournis par les départe-

(1) Voir le *Personnel concordataire dans le département de l'Allier*, par l'abbé Joseph-M.-H. Clément. — Librairie historique du Bourbonnais, H. Durond. — L. Grégoire, éditeur, rue François-Péron, 2. — 1904.

ments limitrophes et surtout par le Puy-de-Dôme. Ce n'était certes pas les plus sérieux et les plus convaincus. Ils apportaient dans leurs nouvelles paroisses les habitudes qu'ils avaient puisées dans leurs anciennes résidences, avec les défauts et les qualités de leur pays d'origine. Cet amalgame d'éléments aussi hétérogènes ne pouvait que produire une fâcheuse impression sur les habitants des villes et principalement sur ceux des campagnes, où beaucoup de ces ecclésiastiques étaient absolument inconnus et un certain nombre d'autres défavorablement appréciés.

Le manque d'homogénéité du personnel concordataire fut la cause principale de sa faiblesse et de ses défaillances morales. Dans un travail datant de quelques années, et que nous avons mentionné à la page précédente, M. l'abbé J. Clément se montre sévère, presque dur, à l'égard de ses prédécesseurs éloignés. Il les qualifie d'ignorants, de timides entrés dans le schisme par peur de la misère et surtout de la guillotine ou de la déportation à la Guyane, de révolutionnaires mal assagis, de renégats souvent mal réconciliés, etc. Nous nous garderons bien de toucher à ce tableau, de peur que notre plume ne détruise l'harmonie des groupes qui y sont dépeints. Il faudrait être plus compétent que nous ne le sommes pour entreprendre une tâche pareille.

Cependant, il est certaines figures qui eussent mérité d'être signalées et même d'être placées au premier plan. Dans les rangs du personnel concordataire, il s'était glissé des gens indignes, plus soucieux d'assouvir leurs passions que d'exercer leur ministère, et plus disposés à se livrer à la cupidité et à l'immoralité qu'à pratiquer la vertu et à en exposer les principes.

Dans les dossiers de la série O des archives départementales de l'Allier, il y a des pièces fort curieuses sur les mœurs privées des prêtres de la nouvelle couche. Le 17 octobre 1813, le maire de Garnat, des Ulmes de Torcy, écrivait au sous-préfet de l'arrondissement de Moulins une lettre pleine de saveur, dont nous extrayons les principaux passages : « Notre desservant est l'homme du monde le plus inconstant. Il n'est pas habitué à rester deux ans dans la même succursale. Lorsqu'il est arrivé l'an dernier dans notre commune, nous lui avons proposé plusieurs logements. Tous lui convenaient en apparence, et lorsqu'il fallait traiter, ils ne lui convenaient plus.

» Il a habité l'année dernière trois mois dans une maison m'appartenant, et, s'en étant ennuyé, il me fit dire, huit jours avant la Saint-Martin, que si la commune voulait lui donner les 150 fr. alloués pour son logement, il se logerait à sa fantaisie. On les lui accorda, et il s'est logé fort mal, il est vrai, mais aussi pour la somme de 80 fr. Il n'a pas cessé, pendant tout le cours de l'année, d'être en dispute avec celui qui lui avait loué, pour lui faire plaisir, une partie de la maison qu'il occupait lui-même. Et, actuellement, il demande que la commune le loge.

» Les fabriciens se plaignent qu'il fait

tourner à son profit les petits revenus de la fabrique. Il fait payer les cierges aux parents du défunt. La fabrique les lui fournit et il met le produit dans sa poche. Ils se plaignent aussi qu'il n'est pas soigneux de ses ornements d'église, qu'il les déchire, et qu'ils sont plus usés depuis un an qu'un autre ne l'aurait fait en six ans.

» Le jour de la Fête-Dieu, par une bizarrerie qui n'a pas de nom, il avait habillé un gros pataud de paysan, lui avait mis la chape sur le dos, et, dans cet équipage, il l'avait fait marcher devant le dais, à la procession. Cette grotesque métamorphose excita la risée publique et causa beaucoup de scandale.

» Le 31 juillet dernier, il a dit, au prône, que la commune était indigne d'avoir un prêtre et qu'il l'abandonnerait. Ce qu'il cherche à faire.

» Un pauvre malheureux aveugle se plaint qu'un jour qu'il était seul avec le desservant dans sa maison, sa femme étant sortie pour affaires, il lui a dévasté son jardin d'ails et d'oignons.

» Les habitants se plaignent qu'il les force pour ainsi dire à lui donner du pain, du lait, du beurre, des œufs ; qu'il les tourmente jusqu'à ce qu'ils les lui aient donnés.

» Sa domestique et une petite fille qu'il a chez lui, et lui-même quelquefois, vont faire des fagots d'éclat et de bois mort qu'ils apportent sur leur dos.

» Cet homme ne voit aucun de ses confrères; il fuit les honnêtes gens ».

Des actes tout aussi répréhensibles, quoique d'un autre ordre, se produisaient à Vicq. Le succursaliste Doulcet avait installé au presbytère une femme du nom de Chovand, en compagnie de laquelle il passait la plus grande partie de son temps. Les uns prétendaient qu'elle était sa nièce, les autres sa gouvernante, les méchants sa maîtresse. Ce qu'il y a de sûr, c'est que cette personne était fréquemment malade, que c'était Doulcet qui la soignait, qui exécutait les ordonnances du médecin et parfois même les rédigeait. Ce desservant ne remplissait aucun des devoirs de son ministère. L'infirme et le moribond, assuraient les nouvellistes, étaient souvent privés des secours spirituels. Il n'enseignait pas le catéchisme à la jeunesse, de telle sorte que les enfants qui avaient fait leur première communion ignoraient même le *Pater*.

La conduite du desservant de Vallon, l'ancien gendarme Mosnier-Chapelle, laissait également beaucoup à désirer. Les habitants se plaignaient de son immoralité, de son manque de tenue et refusaient d'assister aux offices. Le maire se vit même obligé de demander plusieurs fois son changement à l'évêque. J'ignore s'il put enfin l'obtenir.

VI

L'établissement des circonscriptions spirituelles souleva des récriminations nombreuses et bruyantes dans les campagnes. Seuls les habitants des communes où devait être placée la succursale se déclarèrent satisfaits; les autres s'indignèrent, protestèrent auprès du préfet et adressèrent des pétitions au ministre de l'intérieur et même à l'Empereur. Toutes leurs plaintes restant vaines, ils refusèrent de participer aux dépenses pour l'entretien et les réparations de l'église et du presbytère, alléguant que ces frais incombaient uniquement à la localité où se trouvait établie la succursale, attendu qu'elle bénéficiait seule des mariages, baptêmes et enterrements.

L'attribution des cures mécontenta tous les ministres du culte, à quelque rang qu'ils appartinssent. C'était inévitable. Les prêtres réfractaires criaient à tue-tête qu'ayant subi l'exil et la déportation, ils n'étaient pas récompensés, en raison des privations et souffrances qu'ils avaient endurées pour leur fidélité à la religion. Les prêtres constitutionnels regrettaient tout haut que les meilleurs postes fussent concédés à ceux qui avaient fomenté partout la guerre civile, tandis qu'eux avaient constamment prêché la soumission aux lois.

Tous ou presque tous se rendirent pourtant dans les lieux qui leur avaient été désignés, en maugréant, en se regardant du coin de l'œil et en étant prêts à en venir aux mains. Mais le temps est un galant homme; peu à peu, le calme se rétablit dans leur conscience, les haines s'apaisèrent tout au moins dans la forme, et chacun s'efforça de contribuer à l'unité de l'Église, au rétablissement de sa suprématie et à la reconstitution de son domaine. Avant le Concordat, les prêtres menaient une existence misérable : pas de mobilier, peu de linge, pas d'argent. Le plus souvent c'était le ciel qui leur servait de tente; les granges et les étables leur donnaient asile quand ils étaient traqués par les autorités. Maintenant, ils ont un gîte, un salaire, un casuel. Ils sont à l'abri de la faim et du froid, et peuvent réaliser leur rêve et suivre le programme qui leur est tracé par l'évêque. La lutte pour la foi est close, mais l'installation du culte est précaire, mal assurée. Il manque près des deux tiers des presbytères et des églises; il faut s'ingénier à les recouvrer. Pas moyen de les racheter soi-même parce qu'on est trop pauvre; il faut les obtenir par l'audace et la ruse. On jouit de peu de crédit auprès du ministre et du préfet, mais on a de l'influence sur les âmes; il faut les accaparer et les asservir. On a dans les sacrements une arme puissante; il faut la sortir du fourreau et l'aiguiser. Les prêtres concordataires se mettent en campagne; ils recherchent les noms des possesseurs des immeubles du clergé et n'ont pas de peine à les découvrir; ils s'enquièrent de leur domicile, ce qui n'est pas moins facile à connaître, et alors ils entament avec eux des pourparlers au sujet de la restitution de ce qu'ils appellent le domaine de Jésus-Christ. Éconduits d'abord avec force quolibets et sarcasmes, ils reviennent sans cesse à la charge; avec les gens revêches, ils parlent le langage tortueux de la diplomatie; avec les trembleurs, ils emploient la menace.

Aux uns, ils refusent de les marier religieusement; aux autres, de baptiser leurs enfants; aux mourants, de leur administrer les derniers sacrements. Ces moyens perfides de coercition morale amènent tout le monde à capituler. La restitution des églises et des presbytères est la condition *sine qua non* de la paix; les acquéreurs la signent à genoux en demandant à Dieu le pardon de leurs fautes. Heureux de jeter un voile sur le passé, les prêtres leur accordent l'absolution. Alors, un spectacle tout nouveau se produit. On voit des hommes qui avaient souillé les bénitiers, y tremper maintenant leurs doigts; d'autres qui avaient dansé la *Carmagnole* dans les églises, assister chaque dimanche aux offices, et un grand nombre de ceux qui s'étaient moqués des processions, les accompagner tête nue et même porter le dais.

Cette conversion tardive, par peur de l'inconnu, eut l'immense avantage de conserver dans l'Allier les églises et les presbytères à peu près tels qu'ils existaient avant la Révolution. Il est juste de reconnaître, pourtant, que la campagne menée par les prêtres concordataires, pendant plus d'un demi-siècle, fut secondée énormément par presque tous les gouvernements qui se sont succédé, en France, depuis le Consulat. Napoléon Ier accordait sur sa cassette ou sur le budget de l'Empire, des subventions importantes aux communes qui désiraient racheter leurs églises et les réparer. Il ne faisait grise mine et ne se fâchait que si l'évêque lui demandait d'augmenter la quantité des succursales et, conséquemment, celle des succursalistes, parce que cette augmentation diminuait forcément le nombre des conscrits. Les ministres de Louis XVIII acceptaient presque sans examen les donations d'églises aux communes, quelque onéreuses qu'elles fussent : c'était l'âge d'or. Ils ne faisaient des réserves que pour les ornements sacerdotaux. Les municipalités s'adressaient alors à la duchesse d'Angoulême, qui tranchait ordinairement cette dernière difficulté en mettant sa bourse à la disposition des fabriques. Louis-Philippe se montra plus avare des deniers publics et plus dur vis-à-vis des donateurs entre-vifs ou testamentaires. Ses ministres examinaient minutieusement les actes et les clauses réservataires, et s'ils s'apercevaient que la libéralité du donateur devenait une charge prochaine pour la commune, ils refusaient impitoyablement leur approbation. Souvent la reine Marie-Amélie fut obligée d'intervenir en personne pour faire cesser leur intransigeance, et elle n'y parvenait pas toujours. Sous le Second Empire, les églises et les presbytères étaient presque tous dans la main du clergé. Napoléon III n'eut l'occasion d'intercéder auprès des héritiers des acquéreurs que deux ou trois fois, pour en obtenir la restitution. Sous la République actuelle, il n'y eut que l'église de Saint-Voir qui ait donné lieu à une transaction amiable entre l'acquéreur et le maire, M. Fouquet. Nous en parlerons plus loin.

---

# CHAPITRE II

Restitution des églises et des presbytères aux communes.

Donations entre-vifs sans conditions : Églises d'Urçay, Veauce, Diou.

Donations entre-vifs avec conditions. Annulation, le 16 août 1842, de la donation entre-vifs de l'église de Mont-combroux, consentie par Pierre Meilheurat, des Pruraux, le 22 juin 1825.

Acceptation, par l'Administration, des églises de Bresnay ; de la chapelle de Saint-Rémi, à Saint-Sauvier ; du presbytère de la Féline ; de l'église et du presbytère de Périgny ; des églises de Saint-Léon, Cognat, Coulanges, Beaulon ; du presbytère du Brethon ; des églises d'Aubigny, Besson, Bost, Maillet, Creuzier-le-Neuf.

Donations, par testament, de l'église de Bardais, du presbytère et de l'église de Saussat, du presbytère de Bourbon-l'Archambault.

Rachats, par les communes, du presbytère d'Agonges, de l'église et du presbytère de Vesse, de l'église de Saint-Voir.

Echanges, entre les acquéreurs et les communes, des presbytères de Saint-Léon, des églises de Broût, de Varennes-sur-Tesche.

Restitution, par voie de déshérence, de l'église d'Autry-Issards à la commune.

Revendication de l'église de Busset par l'émigré Louis-François-Joseph Bourbon-Busset.


## I


La cession volontaire des presbytères et églises aux communes s'opéra dès le commencement du XIX<sup>e</sup> siècle. Elle s'effectua de plusieurs façons différentes : donations entre-vifs sans conditions ou bien conditionnelles, legs testamentaires, rachats aux acquéreurs ou à leurs ayants droit, échanges directs. Jusqu'en 1810, la restitution fut lente, presque inappréciable. Le gouvernement impérial s'étant aperçu que, malgré les injonctions des prêtres, les acquéreurs observaient une passivité préjudiciable aux intérêts des communes et à l'exercice même du culte, rendit, le 30 décembre 1809, un décret dans lequel il est écrit à l'article 72 : « Celui qui aura entièrement bâti une église pourra retenir la propriété d'un banc ou d'une chapelle pour lui et sa famille, tant qu'elle existera. Tout donateur ou bienfaiteur d'une église pourra obtenir la même concession, sur l'avis du conseil de fabrique, approuvé par l'évêque et par le ministre des cultes ».

En flattant de la sorte l'orgueil des acquéreurs des églises, le gouvernement impérial restreignit sensiblement le désir de conserver des immeubles qui avaient coûté peu de chose et ne rapportaient rien une fois les réparations payées. Les donations entre-vifs aux communes prirent alors un vigoureux essor et continuèrent sans interruption sous les gouvernements suivants.

Ce qui nuisit à la restitution des églises, comme aussi à celle des presbytères, ce furent les formalités auxquelles on soumit les donateurs et les donataires. On ne se figure pas le nombre de pièces exigées par l'Administration pour un acte aussi simple. Dans les cas les plus ordinaires, il fallait tout d'abord un acte de donation par devant notaire, puis une délibération du conseil municipal en acceptant toutes les clauses et réserves, l'avis du sous-préfet de l'arrondissement, un certificat du percepteur du lieu attestant que les héritiers du donateur ne se trouvaient pas dans la gêne, un rapport d'expert estimant la valeur de l'immeuble, une déclaration des fabriciens de la paroisse, l'opinion de l'évêque, celle du préfet. Ce volumineux dossier, auquel venaient s'adjoindre quelquefois les actes de naissance et de décès du donateur, était ensuite envoyé au ministre de l'intérieur, qui, après examen, le remettait au Conseil d'Etat, lequel rendait un arrêt motivé. Le souverain autorisait alors par décret la commune à accepter la donation avec les réserves qu'elle comportait. Deux ou trois années étaient habituellement nécessaires pour l'accomplissement de toutes ces formalités, ce qui pouvait mettre la donation en péril.

Les cessions sans conditions aux communes des églises et presbytères furent très rares. On pourrait les citer ici presque toutes. Le 6 thermidor an VII, François Gadon, Pierre Jonchat, François Pinon et Jean Deschamps achetèrent, aux enchères publiques, l'église d'Urçay. Le 6 juillet 1810, ils la cédèrent spontanément et gratuitement à la commune.

Le 10 décembre 1818, par acte passé devant Gilbert-Mathieu Rozier, avocat-notaire royal à Ebreuil, Antoine Boirot donna à la commune de Veauce l'ancien presbytère « du lieu », avec jardin et dépendances, pour loger le desservant.

Le 10 avril 1819, par acte reçu Vingtain et son collègue, notaires à Paris, Marie-Amable Cadier, baron de Veauce, fit donation, à la commune de Veauce, de l'église paroissiale, que les mineurs Cadier, représentés par leur tuteur Louis Boyer, avaient achetée de l'Administration centrale, le 24 thermidor an VII. Le 18 août 1819, le conseil municipal accepta à l'unanimité et avec reconnaissance la donation gratuite de cet édifice, estimé 1.000 fr., et, le 29 décembre suivant, le Roi homologua cette acceptation.

Grâce à la libéralité de ces deux familles, Veauce est peut-être la seule paroisse de l'Allier qui soit rentrée en possession de son église et de son presbytère, sans être obligée de frapper à la porte des contribuables. Celle de Diou fut moins heureuse. Lorsque Mme veuve Jean Bernachez, née Anne Bouillier, fit son partage, le 26 floréal an IX, elle conserva la propriété de l'église qui avait été achetée pendant la communauté avec son époux, « entendant en disposer pour l'exercice du culte catholique, de laquelle disposition elle veut la pleine et entière exécution, comme ayant été l'intention formelle de feu son mari ».

Ses enfants s'engagèrent solidairement à exécuter les conditions qu'elle mettait pour l'abandon de ses droits, comme aussi à remplir fidèlement et ponctuellement les volontés qu'elle exprimait. Le 9 avril 1809, le maire de Diou alla trouver ses héritiers et les pria de se conformer à l'acte du 26 floréal an IX; ils répondirent « qu'ils n'avaient rien à y ajouter et qu'ils n'entendaient fournir aucun écrit à cet égard ». Malgré ce refus, le dossier de cette affaire fut expédié au Conseil d'Etat, qui rejeta, le 29 mars 1811, la donation de M^{me} veuve Jean Bernachez, parce qu'elle contenait « des clauses de réversion contraires à la loi ».

Les donations conditionnelles entre-vifs furent très nombreuses, contrairement aux précédentes. Et, dans beaucoup de cas, les donateurs firent preuve de plus d'ostentation que de bonne volonté et de désintéressement. Il en est une qui, par suite des chinoiseries administratives, devint caduque. A cause de la notoriété qu'elle s'est acquise dans l'Allier, son histoire mérite d'être contée dans tous ses détails.

Le 19 germinal an VII, Pierre Meilheurat, propriétaire aux Pruraux, acheta, par devant l'Administration centrale, l'église et la cloche de Montcombroux pour la somme de 2.000 fr., plus les frais, payables en bons de remboursement. Son but, prétendit-il plus tard, était de la soustraire aux fureurs révolutionnaires. Au moment du Concordat, et peut-être aussi auparavant, le culte catholique s'y exerçait et les habitants avaient la faculté de s'y réunir pour assister aux offices. Quant aux réparations, elles étaient effectuées par les soins du conseil municipal et acquittées sur les fonds communaux.

En 1810, le préfet de l'Allier invita le maire

de Montcombroux, qui n'était autre que Pierre Meilheurat, des Pruraux, à lui fournir un état synoptique des édifices religieux qui se trouvaient dans sa commune. Le maire lui répondit, le 20 décembre de la même année, que le presbytère avait été aliéné et qu'il faudrait 3.000 fr. pour le racheter ou bien en faire construire un autre. Quant à l'église, elle avait été également vendue, mais il serait possible de prendre des arrangements avec le propriétaire de cet édifice, dont la valeur était aussi de 3.000 fr. Or, c'était à lui-même qu'appartenait l'église. Durant tout le régime impérial et sous Louis XVIII, aucune offre sérieuse de rachat ne me semble avoir été faite par l'Administration, sans doute parce qu'elle avait la certitude que l'exercice du culte était assuré dans la paroisse.

Le 22 juin 1825, sentant sa fin approcher — bien qu'il n'eût encore que soixante et un ans — Pierre Meilheurat, des Pruraux, fit venir Antoine-Joseph Meilheurat, notaire au Donjon, l'adjoint et le succursaliste de Montcombroux, et il donna par acte authentique à sa commune l'église et la cloche, à condition que ses héritiers ou ayants cause auraient la faculté de faire construire à leurs frais, lorsqu'ils le désireraient, sur le cimetière de la commune et le long de l'église, une chapelle de la forme et de la dimension qu'ils jugeraient convenables, et qui aurait vue dans l'église par une ouverture munie d'une grille ou non.

Le desservant de la paroisse, Pierre Berthon, et l'adjoint de la commune, Claude

Crouzier, déclarèrent accepter provisoirement cette donation et promirent de solliciter incessamment l'autorisation du Roi, indispensable pour assurer sa validité.

Malgré cet engagement formel, Pierre Berthon et Claude Crouzier ne firent aucune démarche auprès de l'évêque et du préfet. Le conseil municipal de Montcombroux ne fut pas même appelé à délibérer sur cette donation, quoiqu'il fût unanimement d'avis de l'accepter avec toutes ses conditions.

Pierre Meilheurat, des Pruraux, rendit le dernier soupir le 14 décembre 1825, intimement convaincu qu'il avait légué réellement à la commune son église et sa cloche. Il n'en était rien. Néanmoins, les habitants continuèrent à s'en servir comme par le passé, sans être inquiétés par les autorités.

Cette situation insolite dura jusqu'en 1841. A ce moment, le maire de Montcombroux, F. Meilheurat, ayant éprouvé des difficultés auprès de l'administration préfectorale, relativement à l'entretien de l'église, réunit le conseil municipal le 24 octobre, afin de régulariser la situation dans laquelle se trouvait la commune par suite de la négligence de Pierre Berthon et de Claude Crouzier. Il exposa que la jouissance continuelle, depuis le temps, ne suffisait pas à la régularité des formes exigées en pareil cas, et que l'administration locale, ayant besoin de l'approbation préfectorale pour les réparations à effectuer à l'église et à en acquitter les frais, ne saurait l'obtenir « avant le complément des formalités nécessaires à l'incommutabilité de sa possession ».

F. Meilheurat invita ensuite le conseil municipal à délibérer sur l'opportunité de la demande en autorisation de l'acceptation de l'acte de donation du 22 juin 1825.

Les membres présents à la séance, Robert (Joseph), Crouzier (Clément), Geay (Joseph), Charnay (Jean), Ray-Madoux (Auguste) et Crouzier (Jean), furent tous d'avis que c'était seulement par suite d'un oubli qu'on avait négligé jusque-là de compléter les formalités de l'acte du 22 juin 1825, et que les habitants de Montcombroux, représentés par leurs mandataires, voulaient et devaient non seulement régulariser la donation à eux faite par Pierre Meilheurat, des Pruraux, mais encore désiraient que la famille trouvât dans la délibération actuelle l'expression vive et sincère de leur haute reconnaissance et de la vénération qu'ils lèguent à leurs neveux.

Peu respectueux des dernières volontés de son père, le fils Meilheurat, des Pruraux, refusa de renouveler l'acte du 22 juin 1825. J'ai cherché en vain les motifs de ce refus; peut-être se trouvent-ils dans les termes de la délibération du conseil municipal de Montcombroux. On remarque, en effet, que les expressions de haute reconnaissance et de vénération s'adressent à la famille du défunt et non à son fils en particulier. Cet oubli, s'il fut volontaire, ne pouvait qu'appeler des représailles dont la commune devait être la victime, et lui faire subir ainsi, par cette maladresse, une perte de 2.200 fr., car c'est à ce prix que l'expert Jean-Marie Meilheurat avait estimé cette église, le 25 octobre 1841.

Exaspéré de ce refus auquel il ne s'attendait guère, le maire F. Meilheurat voulait plaider. Mais avant d'entamer un procès, il pria le sous-préfet de Lapalisse, Guibal, d'ouvrir dans la localité une enquête *de commodo et incommodo*, en l'absence du fils du donateur, pour faire accomplir par son neveu toutes les formalités nécessaires pour que la commune fut habile à accepter. Tout en trouvant cette manière d'agir ni légale, ni digne, le sous-préfet ordonna une enquête; mais, en même temps, il demanda l'avis du préfet sur cette délicate affaire. Le 17 novembre 1841, le sous-préfet recevait la réponse suivante : « La solution de cette question se trouve dans les articles 894, 910 et 932 du Code civil, desquels il résulte que toute donation qui n'a pas été acceptée légalement, c'est-à-dire en vertu de l'autorisation du gouvernement *du vivant du donateur,* est nulle de plein droit, l'acceptation étant l'essence de la donation... » Et il terminait ainsi sa communication : « Il n'y a pas lieu d'instruire une question ainsi posée par le maire de Montcombroux; une donation ainsi faite est tombée caduque, à moins que M. Meilheurat fils ne consente à la renouveler, et en son nom personnel ».

Cette réponse n'eut pas l'air de convaincre le maire de Montcombroux, car, le 7 décembre 1841, il opposait à l'opinion si catégorique du préfet des arguments tirés plutôt de la morale que des lois de l'Etat. « D'abord, exposait-il au sous-préfet, les articles 894, 910 et 932 du Code civil ne prononcent pas la nullité de plein droit de la donation dont l'acceptation n'a pas été notifiée du vivant du donateur. D'un article subséquent seulement, on pourrait tirer la conséquence d'une nullité, mais facultative et non de plein droit. Elle peut donc être admise ou rejetée par le tribunal. Dès lors, se trouvant dans le domaine du juge, nous en combattrions l'admission, ajoutait-il, par des motifs à la fois sérieux et plus qu'imposants.

» Le premier serait tiré de la position des parties. La donation faite par M. Meilheurat père n'était que l'effet d'un concert communal dont il était le chef. C'est en cette qualité qu'il a agi en faisant l'acquisition de l'église et de la cloche de Montcombroux. Il en a fait les frais, à la vérité, mais avec la volonté constante d'en doter la commune dont il était maire.

» Le deuxième surgit de la *jouissance paisible, publique,* non *interrompue* et à *titre de maître* qu'a eue la commune, sous les yeux et avec la participation de la famille Meilheurat, des Pruraux, des objets donnés, qui n'en a jamais contesté l'effet, ni par l'imposition en son nom, ni par les charges d'entretien, puisque le défunt, en sa qualité de maire, l'a fait réparer des deniers de la commune portés et admis dans ses comptes administratifs.

» Lui et sa famille, après lui, n'ont donc jamais eu cette propriété en boni ; ils ont toujours agi comme en étant dessaisis.

» Au besoin, la prescription viendrait couvrir les difficultés qui pourraient être élevées, si tant est que le respect dû à la mémoire du père commun pût être oublié à ce point; ce qu'on ne saurait penser ».

En présence de l'insistance d'un maire si soucieux des intérêts de sa commune, le préfet ne crut mieux faire que de solliciter, le 6 janvier 1842, l'avis du ministre de l'intérieur. Par suite de l'absence d'une pièce essentielle, paraît-il, la réponse se fit attendre jusqu'au 16 août suivant. En voici la conclusion : « Il est incontestable, en effet, qu'aux termes de l'article 937 du Code civil, et avant la loi du 18 juillet 1837, les donations faites aux communes ne pouvaient être acceptées valablement par les maires qu'après l'autorisation du gouvernement. L'article 43 de cette loi attribue, à la vérité, à cette autorisation un effet rétroactif; mais on ne saurait nier qu'elle a créé par là un droit nouveau dont la commune de Montcombroux ne peut pas, par conséquent, être appelée à profiter pour un acte passé en 1825. Cet acte est donc, en l'état de choses, nul de plein droit, de telle sorte qu'une ordonnance royale qui serait actuellement rendue n'empêcherait pas la caducité de la donation du sieur Meilheurat ».

L'arrêt était sans appel. L'église et la cloche de Montcombroux, que Pierre Meilheurat, des

Pruraux, avait achetées de la Nation, restaient ainsi dans les mains de ses descendants.

Des gens occupant des fonctions électives cédèrent dans de bonnes conditions les presbytères et églises qui leur appartenaient, pour que la commune, où ils habitaient et dans laquelle ils avaient des intérêts politiques et pécuniaires, fût érigée en circonscription spirituelle et que le culte continuât à y être exercé, quand cette division viendrait à disparaître par suite de l'augmentation du nombre des paroisses. Pierre Estopy-Desvignet, homme de loi, propriétaire à Ecossay et maire de Bresnay, me semble avoir obéi à ce sentiment-là. Le 8 novembre 1810, il demanda au préfet d'autoriser l'adjoint à accepter l'abandon qu'il se proposait de faire de l'église et de la cloche. Deux jours après, Pierre Estopy-Desvignet passait un sous-seing privé par lequel il abandonnait à la commune la jouissance de l'église et de la cloche, s'en réservait la propriété et entendait que ses administrés se chargeassent de toutes les réparations et constructions qui se trouveraient, par la suite, nécessaires pour le service du culte.

Le 30 avril 1811, le Conseil d'Etat fut d'avis de surseoir à l'acceptation de cette donation, jusqu'à ce que le donateur se fût conformé aux articles 605 et 606 du Code Napoléon, lesquels laissent à la charge du propriétaire les grosses réparations. Le 23 juin suivant, Estopy-Desvignet reprit la plume et fit précéder, dans l'acte authentique qui fut rédigé, le mot de « jouissance » par celui de « propriété », et, le 8 février 1812, l'Empereur ratifia cet abandon. Par sa précision et l'élégance de la forme, cet acte de donation est un modèle du genre. Il mérite d'être connu. Le voici : « J'ai par ces présentes fait *gratuitement et sans aucune rétribution*, en faveur des propriétaires et habitants de la commune de Bresnay, la cession, abandon et délaissement *de la propriété et jouissance de l'église* de ladite commune de Bresnay, avec la cloche, par moi acquises de la Nation le 27 thermidor an VI et le 22 nivôse an IX, ainsi que la *propriété* et la jouissance de la chapelle de la Sainte-Vierge, qui est à droite du grand maître-autel en entrant dans ladite église, le tout en très bon état; et ce, pendant tout le temps que le spirituel ne sera pas supprimé ou réuni à quelque autre commune. Dans le cas où il viendrait à l'être, alors lesdites propriété et jouissance cesseraient de plein droit. Le tout retournera m'appartenir, ou à mes ayants cause, pour en jouir et disposer comme bon leur semblera.

» Seront à la charge des habitants et propriétaires de Bresnay toutes les réparations et constructions qui se trouveraient, par la suite, nécessaires à ces immeubles.

» Dans cet abandon n'est pas comprise la jouissance et la propriété de ma chapelle de Sainte-Anne, qui est dans ladite église, à gauche du grand maître-autel, en entrant dans la même église, qui, de tout temps, m'a appartenue et a dépendu de mon bien d'Écossay, laquelle chapelle est renfermée par une balustrade et où il y a un banc, le tout réservé à moi et à ma famille. Les réparations seront à ma charge ».

Un ancien prêtre réfractaire, l'abbé Mathias Legroing de la Romagère, desservant de la paroisse de Saint-Sauvier, acheta, le 8 juillet 1807, à la veuve Proust-Charrier et à ses enfants, la chapelle de Saint-Remi, avec la place adjacente, pour la somme de 815 fr. La fabrique n'étant pas encore établie, il remit cet édifice à la commune, à condition qu'il servirait exclusivement au culte catholique et serait entretenu sur le produit du terrain qu'il cédait, et que, pour le dédommager des avances qu'il avait dû faire à l'occasion de cette donation, on lui verserait une somme de 120 fr.

La modeste chapelle que l'abbé Mathias Legroing de la Romagère offrait généreusement à sa paroisse était consacrée à saint Jean-Baptiste et à saint Remi, archevêque de Reims, et jouissait, dans la localité ainsi que dans les bourgades d'alentour, d'une très grande notoriété. Le jour de la Saint-Jean, *la loue* des domestiques s'installait dans son voisinage et attirait une affluence considérable de jeunes filles et de garçons. Des marchands forains et des cabaretiers s'établissaient sur la place; des bals champêtres s'organisaient à proximité, et, pendant toute la nuit, on dansait, chantait et buvait. Cette fête annuelle constituait peut-être un danger pour la vertu, mais, d'un autre côté, elle était une source réelle de profit pour la localité.

Le 11 janvier 1808, Napoléon I<sup>er</sup> autorisa le maire de Saint-Sauvier à accepter cette donation. Ce que fit celui-ci, le 5 mars 1809. Mais quand parut la loi sur la vente des communaux au profit de la caisse d'amortissement, le receveur d'enregistrement d'Huriel prit possession, le 19 juillet 1813, de la chapelle de Saint-Remi, malgré l'opposition de l'adjoint, « parce que cet édifice n'était pas nécessaire au culte ». De leur côté, les habitants de Saint-Sauvier protestèrent énergiquement contre cette mesure; l'évêque de Clermont-Ferrand éleva la voix à son tour. En présence de ce concert de récriminations, le ministre de l'intérieur ordonna, le 7 août 1813, la suspension provisoire de la vente de la chapelle de Saint-Remi.

Le directeur de l'enregistrement du département de l'Allier s'aperçut alors de l'impair qu'il avait commis et chercha à se disculper. Dans la lettre qu'il adressa au préfet, le 24 août suivant, il expliqua ainsi sa maladresse : « Lorsque j'ai prescrit au receveur des domaines d'Huriel de prendre possession de la chapelle de Saint-Remi et du terrain qui l'environne, je n'avais point connaissance de leurs origine et destination qui se trouvent clairement énoncées dans les pièces ci-jointes.

» Il me semble que ces objets rentrent dans les exceptions de l'article 2 de la loi du 20 mars 1813 comme bâtiment utile à une dévotion particulière et locale et, dès lors, à une partie de l'exercice du culte et comme emplacement nécessaire à des apports ou marchés de denrées ».

La chute de l'Empire marqua la fin des tribulations de la chapelle de Saint-Remi. Quand Louis XVIII monta sur le trône pour la seconde fois, il eut l'air de s'intéresser à elle d'une façon toute particulière, car après sa rentrée en France, il rendit, le 3 février 1816, une ordonnance par laquelle il y autorisait les pratiques religieuses que réclamaient les habitants. Mais il jugea à propos de la débaptiser et de l'appeler chapelle de Secours. Cette dénomination nouvelle était fâcheuse pour les coutumes du pays, pour les souvenirs et les anecdotes charmantes qui se rattachaient à son passé.

Le 1er germinal an XII, Charles Gaulmin délaissa à la commune de La Féline, où il était propriétaire, la moitié de la maison curiale avec ses dépendances, qu'il avait achetées de la Nation, le 7 thermidor an IV, moyennant le prix global de 4.160 fr. Il se réserva toutefois pour son usage particulier la moitié du grenier régnant sur la totalité des appartements, et obligea la commune à construire un mur de séparation entre la partie cédée et celle qu'il gardait pour ses besoins personnels. Cette donation fut approuvée le deuxième jour complémentaire suivant.

Le presbytère et l'église de Périgny subirent, depuis leur adjudication par devant l'Administration centrale, des vicissitudes nombreuses et donnèrent lieu à des incidents curieux. L'acquéreur primitif, Moulin, les revendit à un tiers, qui les céda à son tour à un autre particulier, lequel les remit à l'abbé Etienne Girard de Saint-Gérand, curé de Périgny, moyennant la somme de 3.500 fr. Ce prêtre était, avant la Révolution, propriétaire du petit fief de Laprugne et avait conservé les allures et la morgue d'un grand seigneur ruiné de l'ancien régime. Intelligent, retors, il cachait le plus souvent le fond de sa pensée. Quand il fit l'acquisition du presbytère et de l'église, il déclara à maintes reprises que c'était dans l'intérêt des habitants de la paroisse qu'il avait acheté ces deux immeubles. Au sous-préfet de Lapalisse, Cossonnier, il tenait le même propos chaque fois qu'il le rencontrait ou qu'il lui rendait visite. Quoique attaché à la monarchie légitime, il accepta sans hésitation la place de directeur de l'hospice de Chalon-sur-Saône sous le régime impérial.

Lorsque l'Administration voulut racheter les presbytères et églises qui avaient été vendus nationalement et appartenaient à des particuliers, elle écrivit à l'abbé Etienne Girard de Saint-Gérand et lui demanda quelles étaient ses intentions. Celui-ci répondit au préfet de l'Allier, le 19 novembre 1810 : « Qu'il était prêt, pour le bien de la religion et la satisfaction des habitants, de recéder le tout pour 5.500 fr... Soit que la commune rachète la totalité pour cette somme, soit qu'elle acquierre l'église seulement, je me réserve pour moi et mes successeurs, dans le ci-devant fief de Laprugne, l'usage exclusif de la portion de mon ancienne église seigneuriale, dite de Saint-Pierre, sur laquelle j'ai refait une sacristie et où j'ai percé une porte qui donne dans ma maison, à la charge par moi et à mes frais d'y faire mettre une grille, comme elle l'avait autrefois, et lorsque je le jugerai à propos. Je pourrai jouir seul de mon vivant, et non aucun autre pendant et après ma vie, de la communication de ladite porte de la chapelle qui va chez moi. J'en ai condamné l'usage au fermier actuel ».

Cette proposition était inacceptable, car il ressort de l'expertise à laquelle se livrèrent, en l'an XII, François Maridet, Jean Lécuyer et Pierre Carcassin, que l'église et le presbytère de Périgny ne valaient pas plus de 3.500 fr. (1). Aussi le marché ne fut-il pas conclu.

L'abbé Etienne Girard de Saint-Gérand avait eu pour successeur à Périgny un nommé Jaëtz, originaire des montagnes de l'Auvergne. C'était un être cupide, menteur et immoral. On l'accusait d'avoir une concubine dans sa paroisse et d'y provoquer du scandale. Aussi, les habitants ne cessaient-ils d'adresser des plaintes à l'évêque et au ministre des cultes et de demander le remplacement de ce prêtre si peu vertueux.

(1) L'acquéreur primitif avait payé ces deux objets 680 fr. en argent.

Par suite d'absence de presbytère dans la commune, Jaëtz avait été obligé de se loger dans une maison particulière dépourvue de commodité et de dépendances. Mettant ses intérêts personnels et son agrément bien au-dessus des devoirs de son ministère, il chercha par tous les moyens à obtenir la jouissance du jardin et du pré qui faisaient partie de l'ancien presbytère dont le propriétaire était l'abbé Etienne Girard de Saint-Gérand. Il manœuvra en tout sens pour les faire acheter par la commune; mais le conseil municipal de Périgny, qui espérait toujours que celui qui les détenait abandonnerait aux habitants l'église, le presbytère et ses dépendances, soit par donation entre-vifs, soit par testament, faisait la sourde oreille. Du reste, il avait peu d'estime pour son desservant et ne cherchait à lui être agréable en aucune façon.

Pendant que Jaëtz se prodiguait en démarches infructueuses et obsédait l'autorité supérieure de ses plaintes intéressées, l'abbé Etienne Girard de Saint-Gérand rendait le dernier soupir et léguait toute sa fortune à son neveu, Ferdinand Girard. Dès lors, le rêve de voir un jour la commune de Périgny devenir propriétaire de l'église, du presbytère, du jardin et du pré s'évanouissait, car elle était trop pauvre pour racheter ces objets à prix d'argent.

Il fallait trouver une autre combinaison. Doué d'un esprit insinuant et fécond en expédients, Jaëtz mit la main sur un particulier de la localité et parvint à le dominer par l'ascendant même de son ministère et à l'asservir complètement à ses caprices. Sa victime s'appelait Jean Robert, homme naïf, sans caractère, et d'une dévotion poussée jusqu'à la superstition. A force de ruse, de supplications et de menaces, Jaëtz parvint à lui faire acheter, le 7 octobre 1817, l'église, le presbytère et ses dépendances, jardin, verger et enclos, au neveu de l'abbé Etienne Girard de Saint-Gérand, moyennant la somme de 3.000 fr. Il s'employa ensuite à les faire donner à la fabrique de Périgny. Moins d'un an lui suffit pour arriver à ce résultat. Effectivement, le 3 septembre 1818, Jean Robert abandonnait gratuitement son acquisition aux fabriciens de la paroisse, à condition qu'ils concéderaient au donateur un banc dans l'église pour lui et sa famille tant qu'elle existerait. Il s'engageait à l'entretenir à ses frais et à ne pas céder ni transporter, à quelque titre que ce fût, la jouissance de ce banc. Cette jouissance cesserait de plein droit par l'extinction de sa famille en ligne directe et à défaut d'habitation dans la commune pendant dix ans et sans avoir fait aucune notification tendant à manifester l'intention de conserver ce droit de banc, avec ses charges.

La fabrique de Périgny prit possession sur-le-champ de l'église, du presbytère et de ses dépendances, mais n'exécuta aucune des clauses du contrat. S'apercevant qu'on se jouait de lui, Jean Robert révoqua cette donation en ce qui concerne le presbytère, mais il la maintint pour l'église, le 25 février 1821.

Dès que le préfet eut connaissance de cette décision, il demanda des éclaircissements. Le 5 juin suivant, Jean Robert lui fit parvenir une longue lettre, que nous regrettons de ne pouvoir reproduire *in extenso*, à cause du manque d'espace. Nous ne citerons que les deux phrases visant tout particulièrement le personnel ecclésiastique de la paroisse. Elles suffiront pour montrer la nature des tourments que ce malheureux homme subit de la part des ministres du culte catholique qui s'étaient succédé à Périgny depuis le Concordat : l'abbé Etienne Girard de Saint-Gérand et Jaëtz : « Si vous connaissiez, monsieur le préfet, exposait-il dans cette lettre, la conduite qu'on a tenue à mon égard, les moyens qu'on a employés pour porter le trouble dans ma conscience, les indications peu charitables de quelques individus qui oublient le rôle sublime qui leur est confié, vous me plaindriez et vous ne me blâmeriez pas.

» Permettez-moi un simple rapprochement. Un des anciens curés de cette paroisse était propriétaire de ces objets; il eût pu, en suivant les idées et les sentiments de son ministère, les donner à la commune; il a préféré les donner à son neveu. Il les a délaissés par testament, et c'est à ce neveu que je les ai achetés et que j'en ai payé la valeur. Un simple particulier doit-il plus à l'église que le ministre qui la dessert? »

Lorsque le desservant de Périgny, Jaëtz, apprit l'annulation de l'acte du 3 septembre 1818 en ce qui concernait le presbytère, le

jardin et le pré, qu'il convoitait avec tant
d'âpreté à cause des arbres magnifiques qu'il
contenait, il en 'éprouva un peu de surprise
mêlée à beaucoup de dépit. Néanmoins, il ne
rompit pas toute relation avec Jean Robert;
il continua même à.l'obséder de ses assiduités
et de ses sollicitations, et finit par le menacer
des peines éternelles s'il ne réparait pas la
faute qu'il avait commise. C'est sous le coup
de toutes ces tracasseries que cet homme
inconscient consentit à verser à la commune
de Périgny la somme nécessaire pour remplacer le presbytère qu'elle avait dû lui
rétrocéder. Le 4 décembre 1822, il passait
devant Claude-François Vignancour, notaire
à Lapalisse, la convention suivante :

« Je donne à la commune de Périgny,
représentée par le maire Claude Gourru, un
contrat de rente de la somme en principal de
huit cents francs, produisant annuellement
quarante francs de revenu, dû par Jacques
Larbaud, tonnelier à Saint-Gérand-le-Puy,
pour établir et entretenir à ses frais, dans
l'église de la commune de Périgny, un lumi-
naire ou lampe qui sera entretenu jour et nuit
et à perpétuité.

» Ledit Robert fait en outre donation entre-
vifs d'un pré appelé le Pré-du-Grand, de six
coupées ou vingt-neuf ares seize centiares,
situé commune de Périgny, tel qu'il l'a acheté
de Gilbert-Pourçain Chocheprat, propriétaire
à Ciernat, et qu'il estime 800 fr. Toutefois,
ledit donateur se réserve sept arbres, de la
valeur de 49 fr.

» La donation de ce pré a été faite pour construire un presbytère.

» Ledit sieur Robert donne' encore à ladite commune 700 fr., qui seront payés en deux termes, moitié le 1er mars prochain et l'autre moitié le 1er mai, sans intérêt.

» Cette somme de 1.500 fr. a été donnée à condition que le desservant dira douze messes par an en l'honneur dudit sieur Robert, dont onze audit sieur Robert et une en celui de Mme Anne-Victoire Delavigne, son épouse. Ces messes seront des messes de *Requiem,* annoncées au son de la cloche et dites chaque mois, le lendemain du dimanche de Saint-Sacrement. Chacune de ces messes sera suivie d'un *De profundis* et d'un *Libera* en l'honneur de Robert et de son épouse. Ces messes seront instituées à perpétuité.

» A la garantie des paiements des sommes ci-dessus, ledit Robert affecte et hypothèque une maison connue sous le nom de la Grande-Maison, du défunt Devaux, de qui Robert l'a acquise ».

Charles X approuva cette donation le 20 octobre 1824. Durant les deux années qu'avaient duré toutes ces formalités administratives, Jean Robert était devenu veuf et s'était remarié avec Anne-Adélaïde Delavigne. De cette union était né un enfant du sexe masculin.

En même temps que le dossier de cette affaire arrivait à la sous-préfecture de Lapalisse avec la sanction royale, le maire de Périgny recevait la visite de Simon Blettery, huissier à Cusset, qui lui remettait la signification suivante : « Ai signifié et déclaré à Claude Gourru que, par acte reçu Vignancour et son collègue, notaires à Lapalisse, le 4 décembre 1822, le requérant a fait donation entre-vifs à la commune de Périgny, d'un contrat de rente de huit cents francs dû par Jacques Larbaud, d'une somme de sept cents francs et de différents immeubles situés à Périgny; que, depuis cet acte de libéralité, le requérant a contracté mariage avec demoiselle Anne-Adélaïde Delavigne, et que, de leur union, il est issu un enfant appelé Jean Robert; que, par conséquent, d'après l'article 953 du Code civil, la donation faite par le requérant à la commune de Périgny tombe d'elle-même et peut être révoquée;

» Je somme ledit Gourru de rembourser au requérant, dans les trois jours, toutes les sommes et tous les titres qu'il a reçus de lui, ainsi que les loyaux coûts d'actes, lui faisant défense de percevoir à l'avenir aucun revenu des immeubles donnés ».

La donation du 4 décembre 1822 était dès lors annulée et l'ordonnance royale du 20 octobre 1824 devenait sans objet. La malheureuse victime de la tyrannie du clergé local rentrait en possession d'une partie de sa fortune, grâce à son enfant plutôt qu'à l'emploi de ses propres facultés.

Le 31 août 1810, Bénigne-François Dugon abandonna, par acte authentique, ses droits de propriété sur le sol et la superficie de l'église de Saint-Léon et sur le terrain adjacent servant de place publique. Une portion de cet édifice avait été construite aux frais des habitants et l'autre avait été payée de ses deniers ou de ceux de ses ancêtres.

Bénigne-François Dugon mit comme condition à sa donation qu'il jouirait pour lui et ses héritiers exclusivement de la chapelle du Taillis, placée sous le vocable de la Nativité et de la Sainte Vierge, sur le pignon occidental de laquelle se trouvait le clocher nouvellement bâti aux frais de la commune; qu'il jouirait également de la chapelle adossée au nord de ladite église, tant pour lui que pour les personnes qui justifieraient avoir participé à sa construction.

Cette donation fut acceptée en ces termes, le 15 janvier 1813, par Napoléon Ier.

L'église de Cognat fut vendue nationalement à Larzat. Mme de Reclesne la lui racheta, la paya intégralement et la répara convenablement à ses frais. Elle fit mettre des vitraux, un tableau sur le maître-autel, la dota d'un tabernacle et d'une statue de la Vierge Marie.

Mme de Reclesne délaissa cette église à la commune de Cognat, moyennant la somme de 1.500 fr., tant pour le paiement de son contingent dans l'acquisition du presbytère, que pour la clôture du cimetière. Elle se réserva toutefois pour elle et les siens la chapelle placée à l'aspect du midi et appelée autrefois chapelle de Lyonne. Mais elle ne

voulut se dessaisir de sa propriété qu'autant
que toutes ces conditions seraient complètement remplies. C'était accorder bien peu de
confiance à l'Administration!

Le 23 thermidor an XII, comparaissaient
devant Claude Reigneaud, notaire à Saligny,
Agnant Anri et Michel Michel, co-adjudica-
taires d'un bâtiment servant au culte catholique, et situé à Coulanges, ainsi qu'il résulte
du procès-verbal de vente fait par l'Administration centrale, le 4 messidor an IV.
Agnant Anri et Michel Michel déclarèrent
qu'ils cédaient volontairement l'église de Coulanges aux propriétaires de la commune, ainsi
qu'aux forains, dont les noms, qualités et
adresses furent consignés dans l'acte, moyennant la somme de 700 fr., soit 400 fr. à Michel
Michel et 300 fr. à Agnant Anri.

Tous les co-cessionnaires affirmèrent sur-
le-champ qu'ils destinaient cet édifice par
eux acquis, à l'exercice du culte catholique,
apostolique et romain, et qu'ils consentaient
à en abandonner gratuitement la jouissance
à tous les habitants de la commune. Toutefois,
ils s'en réservèrent la propriété et la faculté
d'en disposer dans le cas où le culte catholique
viendrait à être supprimé pour une cause
quelconque et à quelque époque que ce fût.

Un des co-cessionnaires, Gaspard Jacquelot
de Chantemerle, vint alors déclarer qu'il
abandonnait la jouissance de la cloche qui se
trouvait installée dans le clocher et qui lui

appartenait, aux mêmes conditions et avec les mêmes réserves que les cessionnaires de l'église.

Par suite d'un vice de forme, cette double donation ne fut ratifiée par Napoléon I<sup>er</sup> que le 14 août 1811, c'est-à-dire sept ans après la rédaction de l'acte.

Le 18 germinal an VII, Jean-Michel Goyard, J.-B. Bayon, Louis-Claude Bayon, Henriette Chabrier, veuve de Jean-Claude-Eustache Rogier, Claude Vaillant, Gaspard Merle, Charles Lafosse, Léon Chartier et Antoine Godillon achetèrent l'église paroissiale de Beaulon, par devant l'Administration centrale. Le 8 février 1809, ils firent gratuitement l'abandon de la jouissance de cet édifice à la commune, à condition qu'une succursale y serait établie et que le culte catholique s'y exercerait; elle cesserait de plein droit s'il venait à être supprimé. Pendant tout le temps que durerait cette jouissance, la commune serait tenue d'entretenir à ses frais cette église, à y faire toutes les réparations, tant grosses que menues. Chacun des donateurs se réserva le droit d'y placer un banc d'une longueur proportionnée au nombre de personnes qui composaient sa famille, sans être tenu à aucun paiement à la fabrique, ni autre. Ce droit pourrait être exercé par les propriétaires ou leurs représentants respectifs, lors même qu'ils cesseraient d'être domiciliés dans la commune de Beaulon.

Claude Vaillant fit preuve de plus de générosité que ses compatriotes. Non seulement il approuva cet abandon de jouissance, mais encore il délaissa sans réserves à la commune sa neuvième portion de la propriété de l'église.

Bien que cette donation fût onéreuse pour la commune, à cause des réparations tant grosses que menues mises à sa charge, Napoléon Ier rendit un décret d'acceptation le 29 août suivant.

Dans quelques localités, il y eut des donations entre-vifs qui s'éloignent sensiblement du caractère de libéralité qui aurait dû animer les donateurs, à cause des charges qu'elles imposèrent aux habitants. Elles se rapprochent beaucoup du rachat par les communes, pourtant elles s'en différencient sur un point : c'est l'intention de l'acquéreur de ne pas spéculer ostensiblement sur son acquisition et d'en tirer un profit appréciable. Le 4 thermidor an XII, l'ex-curé constitutionnel Godin acheta à la veuve Raquin de Vallon la cure du Brethon et la paya comptant 2.780 fr. Il y fit pour 1.800 fr. de réparations afin de la rendre habitable et commode. Le 12 octobre 1810, il adressa au préfet de l'Allier une longue déclaration que nous reproduisons presque textuellement : « Je prends l'engagement aujourd'hui, entre vos mains et entre celles de l'évêque de Clermont, de faire l'abandon de la maison presbytérale à la commune du Brethon, avec les dépendances et jardin, sans rien réclamer sur le prix de l'acquisition...

» J'ajoute même une armoire et un buffet joints l'un à l'autre et formant placard, à condition que ces deux meubles resteront fonds de cure...

» Mais j'ai dû faire des réparations s'élevant à 1.800 fr., pour refaire à neuf la charpente et la couverture, et remplacer les soliveaux au premier étage, etc.

» Je mets pour clause expresse à l'abandon que je propose :

» 1° La commune du Brethon me remboursera en deux ans et demi les 1.800 fr. de frais que j'ai été obligé de faire en sus du prix de l'achat;

» 2° Pendant ma vie, je jouirai de ces objets, même en supposant que, pour quelque cause possible, je n'exerçasse plus au Brethon, sans que mes héritiers puissent être inquiétés pour les réparations locatives;

» 3° L'indemnité de 120 fr., qui m'a été accordée pour mon logement et mon jardin, me sera continuée jusqu'à ma mort, ou du moins tant que j'exercerai mon ministère au Brethon;

» 4° A partir du 30 janvier après mon décès, mes successeurs seront tenus de dire chaque année et à perpétuité ce jour-là, si ce n'est pas un dimanche, une messe basse de « *Requiem* » *pour les bienfaiteurs;*

» 5° Pendant ma vie, la commune du Brethon sera tenue d'effectuer toutes les grosses réparations aux bâtiments et murs s'il en est besoin;

» 6° Dans le cas où, pour quelque événement que ce soit, il n'y aurait plus de cure ou succursale au Brethon, cette maison, dépendances et jardin passeraient de plein droit à l'hospice de Montluçon, pour en jouir en toute propriété, en remboursant à la commune du Brethon les 1.800 fr. que je réclame et à la charge aussi de l'acquêt de la messe de *Requiem* par ledit hospice ».

Consulté sur la valeur de ce traité, le sous-préfet de Montluçon, Amelot, y découvrit une contradiction. Dans la lettre qu'il écrivit au préfet, le 19 janvier 1811, il fit remarquer « qu'il y avait un double emploi, qui n'est pas, j'aime à le croire, dans l'intention de M. le desservant. Il demande à jouir, sa vie durant, de la maison presbytérale qu'il veut vendre et encore de l'indemnité de logement qu'il reçoit aujourd'hui. Cette acquisition, une fois payée par la commune, il me semblerait juste qu'elle ne fût point tenue à une indemnité de logement, puisque ce serait elle-même qui logerait à ses frais le desservant. Supposons que M. Godin vive encore douze ans, il en résulterait que cette acquisition se trouverait encore augmentée de 1.440 fr., d'après les 120 fr. qu'il reçoit annuellement ».

Mainier, maire de la commune de Saint-Caprais, réunie au Brethon pour le spirituel, partageait l'avis du sous-préfet de Montluçon. Le 6 août suivant, il faisait observer à ce fonctionnaire « que si le desservant Godin vivait encore dix ans, il ne ferait pas de donation, puisqu'il serait payé de tous ses déboursés et qu'en cas d'événement possible, il pourrait disposer du presbytère et de ses dépendances en faveur d'un hospice ».

Malgré ces réflexions fort justes émanant de deux sources différentes, le préfet conclut à l'acceptation de la donation. Et, par un décret daté de Moscou, le 21 septembre 1812, Napoléon Ier l'homologua, mais à condition que Saint-Caprais, réuni au Brethon pour le spirituel, figurerait dans l'acte public et concourrait aux charges communes. Godin refusa tout d'abord, mais plus tard il finit par céder « à la volonté absolue qui dominait ». Lorsqu'il se présenta, avec les maires du Brethon et de Saint-Caprais, chez le notaire, celui-ci refusa de rédiger l'acte d'abandon tant qu'on n'aurait pas versé dans ses mains le coût de l'enregistrement et des autres frais, s'élevant ensemble à 286 fr. Les maires du Brethon et de Saint-Caprais n'avaient pas cette somme, Godin se trouvait dans le même cas. Pourtant, au bout de deux ou trois ans de sollicitations importunes, on finit par les obtenir de la préfecture.

Les acquéreurs des églises et des presbytères ne purent et surtout ne voulurent pas toujours les restituer gratuitement aux communes et aux fabriques pour des raisons diverses. D'abord, plusieurs d'entre eux étaient décédés au moment du rétablissement du culte; d'autres étaient restés les adversaires irréconciliables de la religion catholique et de ses ministres; quelques-uns, enfin, détestaient le régime impérial et regrettaient la monarchie légitime. A leur mort, toutes ces considérations politiques et religieuses cessèrent et leurs descendants s'accommodèrent des formes de gouvernement que la France se donna successivement jusqu'à nos jours, et abandonnèrent gratuitement aux paroisses les églises et presbytères que leurs pères et grands-pères avaient acquis de la Nation et payés de leurs deniers.

Le 12 fructidor an VII, Pierre Saulnier (1), du Réray, acheta aux enchères l'église et le cimetière d'Aubigny. Cette propriété demeura dans sa famille jusqu'au 20 décembre 1864. A cette époque-là, M^me Marie-Amélie-Caroline-Angèle Devaulx de Chambord, veuve de Nicolas Devaulx de Villemouze, résidant à Moulins, et petite-fille de l'acquéreur, en fit donation entre-vifs à la commune d'Aubigny, à condition qu'elle lui accorderait un banc dans l'église pour elle, pour sa famille et ses domestiques. Quatre jours après, le conseil municipal accepta cette libéralité et le préfet de l'Allier la ratifia le 27 décembre suivant, sur la promesse que lui fit par écrit le baron d'Aubigny de prendre à sa charge tous les travaux d'appropriation et de restauration de l'édifice.

(1) La famille Saulnier était fort nombreuse dans l'Allier. Elle avait des représentants à Cusset, Saint-Gérand le-Puy, Lapalisse, Neuilly-le-Réal, Dompierre, Aubigny, Couzon, Agonges, Moulins. C'étaient, en général, des patriotes très attachés à la Révolution ; un d'entre eux appartenait même à la franc-maçonnerie.

L'église de Besson fut vendue le 12 fructidor an VII. L'acquéreur, Charles Biotière, marquis de Tilly, laissa jouir de cet édifice les habitants de la commune, à la charge par eux de faire les réparations locatives seulement. A son décès, le tuteur de son petit-fils et héritier universel, le vicomte Eugène de Bourbon-Busset, continua cet usufruit, pourvu que le conseil municipal fît recarreler l'église et réparer la couverture qui se trouvait en si mauvais état que les eaux pluviales pourrissaient la charpente et inondaient l'intérieur de l'édifice à certaines époques de l'année.

Dès que le vicomte Eugène de Bourbon-Busset eut atteint l'âge de la majorité, il entra en possession des biens de son aïeul maternel Charles Biotière, marquis de Tilly ; et, le 21 août 1814, il remit à la commune de Besson l'église dont il venait d'hériter. Mais il se réserva, de la façon la plus expresse, l'usage perpétuel et exclusif, tant pour lui que pour ses ayants cause, de la chapelle de Saint-Roch et de la partie latérale de ladite église, dont les réparations resteraient à sa charge. Toutefois, il refusa de contribuer aux dépenses d'entretien du reste de l'édifice et émit la prétention que son château de Bosts et sa réserve fussent exempts de toute imposition.

Malgré cette clause onéreuse pour les habitants de Besson, Charles X entérina l'acte de donation le 12 janvier 1825. Par suite de survenance d'enfant, cette donation fut révoquée, et le vicomte Eugène de Bourbon-Busset fut obligé, le 31 juillet 1830, de refaire une

nouvelle cession, conformément à l'article 964
du Code civil. Louis-Philippe ratifia ce second
acte le 10 juillet 1831.

L'église de la petite commune de Bost fut
acquise, le 9 germinal an VII, par J.-B.-Joseph
Bulot, juge de paix à Cusset, magistrat aussi
recommandable par ses vertus civiques que
privées. A l'encontre de beaucoup d'autres
adjudicataires, il entretint soigneusement cet
édifice, bien que le culte ne s'y exerçât que
d'une façon fort intermittente. Grâce à la
libéralité de M^me la comtesse de Miramont, il
fit même l'acquisition d'une fort belle cloche.
D'accord avec sa femme, née Henriette-Reine
Guyot, il donna son église à la commune de
Bost. Mais cette donation fut rejetée par le
préfet de l'Allier, le 24 juillet 1827, sous
prétexte qu'elle était trop onéreuse pour la
fabrique.

Cette affaire n'eut pas d'autre suite sous le
règne de Louis-Philippe, mais elle fut reprise
sous celui de Napoléon III. Le 5 novembre 1862, l'église de Bost fut vendue par
licitation. L'adjudication eut lieu au profit de
M^e Bellemin, avoué, représentant les héritiers
Bulot. Dès que toutes les formalités judiciaires
furent accomplies, ces derniers s'empressèrent
de remplir les volontés de leurs aïeul et
aïeule, et d'aplanir tous les obstacles qui
avaient empêché leur réalisation en 1827.
Le 13 août 1863, se présentèrent devant
M^e Boirot, notaire à Cusset : 1° M^me Jacque-
line-Marie-Adèle Bulot, veuve de Frédéric

Pouillien, ancien notaire ; 2° Pierre-Alfred Bulot, licencié en droit, propriétaire aux Garets, commune de Vichy; 3° Pierre-Camille Maugue et M<sup>me</sup> Marie-Adèle Bulot, sa femme, propriétaires à Saint-Amant-Tallende .(Puy-de-Dôme); 4° Jean-Louis-Théodore Michel, licencié en droit, et M<sup>me</sup> Marie Lafaye, son épouse, de lui autorisée;

« Lesquels exposèrent ce qui suit : Suivant acte reçu François Charles, notaire à Vichy, le 21 mars 1827, M<sup>me</sup> Henriette-Reine Guyot, demeurant aux Garets, veuve de J.-B.-Joseph Bulot, en son vivant juge de paix à Cusset, ladite dame aujourd'hui décédée;

» Théodore-Christophe Bulot, légiste et propriétaire aux Garets, lequel est aujourd'hui décédé;

» Frédéric Pouillien, notaire, et M<sup>me</sup> Jacqueline-Adèle Bulot, son épouse, aujourd'hui sa veuve comparante, demeurant à Cusset;

» M<sup>me</sup> Rosalie-Anne Bulot, épouse dûment autorisée de François Lafaye, ladite dame aujourd'hui décédée;

» Ont fait donation à la commune de Bost de l'église acquise par feu J.-B.-Joseph Bulot, grand-père de M<sup>mes</sup> Pouillien, Maugue et Michel et de M. Pierre-Alfred Bulot, tous comparants;

» A condition :

» 1° Que chaque année et à perpétuité, il sera célébré gratuitement, dans l'église de Bost, deux services, l'un pour M. Jean-Baptiste-

Joseph Bulot et tous ses descendants, et l'autre pour le repos de l'âme de M^me Henriette-Reine Guyot;

» 2° Que le culte catholique sera seul exercé dans ladite église;

» 3° Que tous les droits et honoraires de la présente donation seront supportés par la commune de Bost ».

L'évêque de Moulins et le préfet de l'Allier acceptèrent avec reconnaissance la donation de cette église, qui avait été estimée 8.000 fr., attendu que les « deux services imposés par les bienfaiteurs ne devaient occasionner qu'une dépense annuelle de 20 fr. ».

Le 29 août 1833, par devant Sébastien-Jules Lespinard, notaire à Montluçon, se présentait Jean-Pierre de la Brosse, propriétaire en cette dernière ville, lequel faisait donation entre-vifs, pure et simple et irrévocable, à la commune de Maillet, de l'ancienne église dont il avait hérité de son oncle François Favière.

Cette donation était consentie à condition que ladite église, dont la valeur était de 600 fr., serait affectée exclusivement au culte catholique; que le donateur y aurait à perpétuité un banc marqué, pour ses fermiers ou colons, ou pour deux personnes de sa maison; qu'il serait exempt, comme propriétaire dans la commune, de contribuer à jamais aux réparations de cet édifice et à l'achat ou entretien de tout presbytère.

Le 22 août 1835, le ministre de l'intérieur

A. Thiers rejeta cette donation et expliqua ainsi les motifs de sa détermination : « Cette libéralité est faite à la condition que le donateur sera exempt de contribuer à jamais aux réparations de l'église et à l'achat ou aux réparations de tout presbytère, dont la commune a été jusqu'à présent dépourvue.

» Le donateur étant l'un des plus imposés de la commune de Maillet, j'ai dû reconnaître que la clause dont il s'agit n'était pas admissible, en ce qu'elle transformerait la donation en une véritable charge pour la commune, et que le sieur de la Brosse, par le fait d'une telle exemption, pourrait profiter d'une valeur supérieure à celle de l'objet qu'il aurait donné.

» Prévenir M. de la Brosse que l'autorisation d'accepter sa donation ne pourrait être accordée qu'autant qu'il renoncerait par un nouvel acte authentique à la clause d'exemption d'impôt qui, dans l'état actuel, la rendrait inadmissible ».

Le dossier fut alors renvoyé à la préfecture et l'avis du ministre de l'intérieur A. Thiers fut communiqué à M. Jean-Pierre de la Brosse, qui n'en tint aucun compte.

Cette donation resta en suspens jusqu'au 8 juin 1842. Ce jour-là, Marie-François-Émile Villatte de Peufeilhoux, propriétaire à Montluçon, se rendit chez le même Sébastien-Jules Lespinard, et déclara qu'il voulait remplir les intentions bienveillantes de son oncle et les compléter selon le désir exprimé par le gouvernement. Afin que la donation « sortît son plein et entier effet », il s'obligea ainsi que de droit, c'est-à-dire comme les autres propriétaires de la commune, à contribuer aux réparations de l'église et à l'achat et aux réparations de tout presbytère, s'il y avait lieu.

A côté des donations entre-vifs, complètes, sans condition ou bien conditionnelles, aux communes et aux fabriques, il y en eut de partielles, d'incomplètes, consenties par les acquéreurs directs des églises et des presbytères, ou par ceux de la seconde et de la troisième mains. La jalousie des co-propriétaires entre eux, la haine qu'ils portaient à l'Administration locale furent, plutôt que l'intérêt, les raisons qui les déterminèrent à s'en tenir à leurs droits. En voici un exemple des mieux caractérisés :

Lors de l'organisation du culte, l'évêque de Clermont-Ferrand, M. de Dampierre, annexa pour le spirituel, à la commune de Creuzier-le-Vieux, celle de Creuzier-le-Neuf. Cette mesure gênait considérablement les fidèles de cette dernière localité, à cause de l'éloignement des lieux et des difficultés de locomotion à travers un pays montagneux et accidenté.

En 1836, les habitants de Creuzier-le-Neuf adressèrent à la Reine une pétition demandant instamment que leur commune fût érigée en succursale. L'église et le presbytère appartenaient indivisément aux quatre frères Masset, Christophe, Emmanuel, Gabriel et Ignace. Tous les quatre apposèrent avec empressement leurs signatures au bas de cette pièce, et, le 15 septembre suivant, trois d'entre eux donnèrent à la commune ces deux immeubles, par un sous-seing privé, qui fut enregistré, lequel n'imposait à la fabrique d'autre charge qu'une messe de *Requiem* tous les ans. Quelque temps après, les quatre frères se brouillèrent pour une affaire d'intérêt; et, lorsqu'il fallut consacrer cette donation par un acte authentique, Ignace refusa formellement de le signer, à moins d'être payé de sa quote-part. Gabriel s'abstint de paraître chez le notaire, parce qu'il n'avait pas été prévenu. Quant à Emmanuel et Christophe, ils donnèrent leur adhésion sans réserve.

Malgré toutes ces irrégularités, Louis-Philippe autorisa, le 26 mars 1839, la commune de Creuzier-le-Neuf à accepter cette donation.

Grande fut la surprise du préfet lorsqu'il apprit que deux des frères Masset n'avaient pas signé l'acte authentique! Celle du maire de Creuzier-le-Neuf, Damas-Parriaud, l'était peut-être davantage encore. Il ne parlait rien moins que de porter l'affaire devant les tribunaux, répétant de tout côté qu'il avait fait examiner le dossier par un jurisconsulte éminent, que la commune avait la loi en sa faveur, qu'on triompherait aisément de la résistance d'Ignace Masset, et qu'on amènerait assurément par la persuasion son frère Gabriel à imiter l'exemple d'Emmanuel et de Christophe.

Il y avait évidemment une insigne mauvaise foi de la part d'un des cò-propriétaires, mais cela ne suffit pas toujours pour faire fléchir la loi au détriment de celui qui a l'équité pour lui.

Le Code civil est formel : tous actes portant donation entre-vifs doivent être passés par devant notaire, et il doit en rester minute, sous peine de nullité. Il n'y avait plus qu'à désintéresser celui ou ceux qui refusaient de se conformer à cette obligation, ou bien à les amener par la persuasion à la remplir.

C'est à ce dernier moyen qu'eut recours le préfet de l'Allier. Sachant que l'un des frères Masset, Gabriel, était percepteur à Escurolles, il le convoqua à son cabinet et lui demanda les raisons pour lesquelles il n'avait pas signé l'acte authentique portant donation entre-vifs de l'église et du presbytère de Creuzier-le-Neuf à la commune. Celui-ci répondit qu'étant éloigné de cette localité depuis plusieurs années et que n'ayant pas reçu des nouvelles de ses frères depuis longtemps, il ignorait complètement ce qui s'y passait, mais qu'il était tout prêt à se rendre au désir de l'Administration et à satisfaire les vœux des habitants à qui il était profondément attaché. Et, effectivement, quelques jours après, il écrivait au préfet la lettre suivante : « D'après l'entretien que je viens d'avoir avec vous, au sujet de la donation faite par les frères Masset de l'église et du presbytère de Creuzier-le-Neuf, je suis prêt à signer l'acte authentique si, comme vous me l'assurez, l'engagement de ma part s'en trouve consigné directement ou indirectement dans la pétition adressée à la

Reine, pour l'érection de la succursale de Creuzier-le-Neuf, pétition que j'ai signée.

» Je regretterais vivement qu'un malentendu vînt porter obstacle à la réalisation d'un projet auquel je m'estimerai heureux d'avoir contribué ».

Cette libéralité vint s'ajouter à beaucoup d'autres sacrifices d'un autre genre que cet homme bon et généreux consentit dans la suite en faveur des pauvres de sa commune natale.

La première partie de la tâche de l'Administration était remplie, mais il restait la seconde, qui était beaucoup plus délicate et difficile à accomplir. Ignace Masset était inaccessible au raisonnement et à la persuasion. C'était un homme intraitable. Malgré tout ce qu'on put dire et faire, il persista dans son refus. L'église et le presbytère avaient été estimés 8.000 fr.; c'est donc 2.000 fr. qui durent lui être versés.

## II

Les abandons par testament aux communes des églises et des presbytères n'ont pas l'importance des donations entre-vifs. Nous n'en citerons qu'un petit nombre.

Le 15 mars 1815, Philippe Duvernet, propriétaire à la Lœuf, manda près de lui le notaire, M⁰ Mazerat, et, en présence de témoins, il légua à la paroisse de Bardais l'église qu'il avait achetée nationalement, le 12 floréal an VII, et qui était estimée 200 fr.

Il se réserva seulement la chapelle dans laquelle ses héritiers auraient le droit d'être placés de préférence à tous autres, mais il leur imposa l'obligation de faire dire annuellement et à perpétuité un service anniversaire pour le repos de son âme, aux dépens de sa succession.

Le comte de la Vieuville, préfet de l'Allier, fut d'avis d'autoriser la commune de Bardais à accepter cette donation le 31 mai 1816, et l'entérinement de l'acte par le Roi eut lieu le 20 novembre suivant. A cause de la mésintelligence qui régnait entre les enfants et des charges auxquelles ils étaient assujettis, ce fut seulement le 30 juillet 1841 que Philippe-Aimé Duvernet et Marie-Anne-Euphémie Duvernet, frère et sœur germains, seuls héritiers de leur père, consentirent à l'exécution du testament. Le 29 août 1842, Louis-Philippe autorisa la commune de Bardais à recevoir la délivrance du legs.

L'ex-curé constitutionnel Pierre Galien acheta nationalement, les 12 thermidor an IV et 18 germinal an VII, l'église et le presbytère de Sanssat, et les utilisa jusqu'à sa mort en qualité de desservant de la paroisse. Le 1er janvier 1831, il fit son testament et légua à la commune ces deux immeubles et tous les autres bâtiments en dépendant, avec six coupées de terre placées à proximité. Le tout était évalué 10.000 fr.

Ce legs était fait aux conditions suivantes :

« L'église ne pourra servir à d'autre usage

qu'à l'exercice du culte catholique, apostolique et romain. On ne logera dans le presbytère que les prêtres envoyés par l'évêque de Moulins pour y exercer ledit culte, lesquels jouiront des bâtiments que je viens de léguer à la commune, n'entendant nullement qu'il en soit distrait aucune partie pour le profit de ladite commune, voulant, au contraire, que si les prêtres qui me succéderont désiraient louer une partie des bâtiments, le produit de ladite location soit pour leur avantage personnel.

» Je prie les prêtres qui me succéderont de dire à perpétuité, à chaque jour anniversaire de mon décès, une messe à voix basse ; plus de chanter tous les dimanches un *Libera* et un *De profundis* pour le repos de mon âme.

» Mes légataires universels paieront annuellement et à perpétuité une somme de 160 fr. exempte de tout droit et sans retenue ; à savoir : 100 fr. à l'hospice de Lapalisse pour les pauvres et 60 fr. au prêtre qui me succédera, à la charge par lui d'entretenir une lampe d'huile, jour et nuit, devant le Très Saint-Sacrement. Les habitants de Sanssat entretiendront en grosses et menues réparations l'église et tous les autres bâtiments que je lègue à leur commune.

» Je supplie M^{gr} l'évêque d'accorder à Sanssat un prêtre à domicile pour y exercer le culte catholique ».

Pierre Galien mourut le 25 juin 1842. Ses héritiers, déçus dans leurs espérances, contestèrent la validité du testament à cause des charges qui leur incombaient. Mais ils furent sans doute déboutés de leurs prétentions, car, le 23 décembre 1846, Louis-Philippe ratifia ce legs dans toute sa teneur.

Le 24 thermidor an IV, le curé constitutionnel Claude Petitjean acheta nationalement le presbytère de Bourbon-l'Archambault, avec l'intention bien arrêtée de le léguer à la commune après sa mort pour y loger le ministre du culte. Dans les premiers mois de l'année 1810, le préfet demanda au maire de Bourbon-l'Archambault si sa commune avait une cure et une église. Ce magistrat répondit qu'elle avait une église et qu'elle aurait une cure avec un jardin attenant, le tout en excellent état, car le curé Claude Petitjean ferait un testament qui en assurerait la possession à sa paroisse. Cette succession ne pouvant échapper, il n'y avait qu'à attendre.

Le préfet ne partageait pas absolument sa confiance. Il eût préféré que l'acte de donation eût été passé par devant notaire et que l'autorisation en acceptation eût été sollicitée près de son Administration. Mais des raisons de famille avaient empêché le donateur de suivre cette voie.

Claude Petitjean mourut en 1814 et tint fidèlement sa promesse. Dans son testament, daté des 23 et 24 avril de la même année, on lit, en effet, les passages suivants :

« Je distrais de ma succession, pour donner aux curés mes successeurs à Bourbon, ma cure telle qu'elle existe maintenant, à l'exception

du mobilier, y compris le jardin et le canal;
plus le pré que j'ai acquis de M. Meige, à
la charge de payer annuellement à la fabrique
la somme de 150 fr. en deux termes, à la
Saint-Jean et à la Saint-Martin, pour l'entretien et l'embellissement de l'église.

» Si je n'étais pas remplacé, la maison et
le jardin tourneraient au profit de l'hôpital
de Bourbon et le pré au profit de mes héritiers
institués ».

### III

La liste des rachats des églises et des
presbytères par les communes est infiniment
moins longue que celle des donations entre-
vifs et par testament dont nous venons de
parler. On en devine aisément la cause
principale. Les communes rurales étaient si
pauvres pour la plupart qu'elles n'avaient
pas même les fonds nécessaires pour acquitter
les frais d'enregistrement d'une vente d'un
millier de francs, ainsi que les honoraires du
notaire. Personne ne voulait leur consentir
la moindre avance, tant leur solvabilité était
douteuse. Leur maigre budget de recettes
ordinaires suffisait à peine à faire face aux
dépenses obligatoires, et quand elles avaient
besoin d'acheter une propriété quelconque,
elles étaient contraintes de recourir à une imposition extraordinaire. Les vendeurs n'ignoraient pas cette situation précaire, aussi
préféraient-ils avoir affaire aux propriétaires
de la commune plutôt qu'à la commune

elle-même. Quand ils ne pouvaient payer comptant, ils leur faisaient souscrire des obligations à court ou à long terme et les laissaient ensuite se débrouiller avec la municipalité.

Au point de vue de la célérité du réglement des affaires, les rachats par les communes des églises et des presbytères furent, sans contredit, préférables aux autres moyens employés par les habitants, l'Administration et le clergé, pour en recouvrer la propriété et la jouissance. Une foule de formalités oiseuses qui grevaient inutilement les donations entre-vifs et par testament disparurent avec les contrats de vente. Pour assurer leur validité, il n'était plus nécessaire d'obtenir l'avis de la fabrique, de l'évêque, du Conseil d'Etat, du ministre de l'intérieur et la sanction du souverain; l'acte se passait entre la commune et les particuliers, dans la forme ordinaire, et une fois revêtu de l'approbation préfectorale, il sortait son plein et entier effet.

Le rachat des presbytères et des églises marque la dernière étape du jacobinisme dans l'Allier ; ce fut le dernier râle d'un parti puissant et fort qui conduisit les destinées du pays dans les moments les plus périlleux de notre histoire.

Une des opérations les plus avantageuses qu'ait faites Jacques Saulnier fut la revente du presbytère d'Agonges à la commune. Le 9 octobre 1810, son gendre, Martinat-Chaumont, — qui était le maire de cette localité, — écrivit au préfet de l'Allier, Pougeard du Limbert : « Le presbytère a été vendu dans le temps et le conseil municipal le loue pour servir de chambre commune et de logement à son desservant. Il désirerait en faire l'acquisition et s'imposer extraordinairement.

» Le propriétaire du presbytère en ferait volontiers l'abandon à la commune de gré à gré ou à dire d'expert ».

Sans trop se rendre compte des conséquences que pouvait avoir pour les contribuables une expertise faite à la légère par des gens peu consciencieux, le préfet prit, le 14 décembre 1810, l'arrêté suivant : « Il sera procédé devant l'adjoint d'Agonges — le maire étant allié au propriétaire — par les experts ci-après nommés, à une description exacte et à une estimation de l'ancien presbytère de la commune ».

Le maire de Souvigny, Bouyot, fut désigné par l'Administration préfectorale, et Nollet, architecte à Moulins, par Jacques Saulnier, pour examiner les locaux.

Le travail de ces deux experts fut rapidement mené, car le 10 janvier 1811, Bouyot mandait au préfet : « J'ai l'honneur de vous prévenir que le 8 courant, j'ai, avec M. Nollet, architecte à Moulins, expert de M. Saulnier, fait, en présence d'un membre du conseil municipal d'Agonges, la description exacte et l'estimation de l'ancien presbytère de ladite commune, qui s'élève à la somme de 4.800 fr. ».

Le préfet trouva que la carte à payer était excessive, et il écrivit en marge de la communication de Bouyot : « Inviter M. Saulnier à faire à la commune une remise sur le prix, qui me paraît bien considérable ».

Tout naturellement, Jacques Saulnier ne voulut rien rabattre de ses prétentions. En présence de cette résistance à laquelle il ne s'attendait guère, le préfet demanda à l'expert de l'Administration si la chènevière qui faisait partie des dépendances du presbytère ne pourrait pas en être détachée, attendu qu'il y avait un jardin clos de mur à la disposition du desservant. Bouyot répondit, le 12 février suivant, que cette chènevière était contiguë au jardin qui, par lui-même, était très petit pour une campagne; que néanmoins, s'il jugeait cet objet inutile à acquérir, une partie pourrait en être distraite, ce qui ferait une économie de deux cents francs.

Le préfet jugea, sans doute, que cette distraction diminuait d'une façon insignifiante le prix de l'estimation, et il alloua la somme de 4.800 fr. fixée par les deux experts.

Tout autre que Jacques Saulnier se fût déclaré satisfait. Il n'en fut rien. A ses yeux, c'était un grand sacrifice qu'il consentait, en revendant sa propriété à ce prix, et non un bénéfice sensible qu'il en retirait, ainsi qu'il ressort de la lettre qu'il adressa au préfet le 25 février suivant : « Maintenant que vous avez pris connaissance, y disait-il, de tous les objets du ci-devant presbytère, et qui, par leur position, ne peuvent être détachés, j'aime à croire que vous n'en trouverez pas l'estimation trop considérable.

» D'ailleurs, cette cure est peut-être celle

de l'arrondissement qui a coûté le plus cher et le seul bien national dont l'acquéreur, en le revendant, ne retire pas ses déboursés, car je n'ai pour ainsi dire touché que la somme que vous avez eu la complaisance de m'allouer ».

Nous avons tenu à publier intégralement cette correspondance, car elle est sujette à controverse. Le presbytère d'Agonges fut aliéné le 15 messidor an IV, en vertu de la loi du 28 ventôse an IV et des instructions du Corps législatif du 6 floréal de la même année. Guillaume-Elie Desfosses l'acheta pour la somme de 4.982 fr. Le 30 thermidor suivant, cet intermédiaire céda son acquisition, aux mêmes conditions, à Jacques Saulnier. Ce dernier la solda 3/4 en valeur nominale et 1/4 à raison de huit capitaux pour un. Ce qui faisait en numéraire métallique environ 550 fr. au cours du jour. Or, en déclarant au préfet que c'était le seul bien national dont l'acquéreur, en le revendant, n'avait pas retiré ses déboursés, Jacques Saulnier induisait manifestement ce fonctionnaire en erreur, puisqu'il était désintéressé lui-même en argent et qu'il gagnait ainsi près de 4.500 fr. dans cette opération. Il est probable que le préfet ignorait tous ces détails, autrement il eût fait à cette lettre la réponse qu'elle méritait.

L'ancien terroriste François Givois acheta, le 23 prairial an IV, l'église et le presbytère de Vesse et leurs dépendances, pour la somme de 2.039 fr. (y compris les frais, s'élevant à

50 fr.), représentant, d'après Rougane, qui plus tard fut maire de la commune, 600 fr. en numéraire, chiffre exagéré selon moi.

Dans les premiers mois de l'année 1811, le préfet de l'Allier demanda à François Givois s'il consentirait à vendre le presbytère et l'église, pour l'exercice du culte. Le 5 avril suivant, celui-ci répondit que la cession de ces immeubles contrarierait beaucoup le mode d'exploitation de ses autres propriétés. « Cependant, ajouta-t-il, je veux donner une preuve de mon vif désir d'être utile en faisant le sacrifice de toutes les convenances et de tous les avantages que m'offre la situation de ces bâtiments au milieu de mes autres biens. Je suis obligé de bâtir pour remplacer le presbytère et l'église, et il m'est démontré, par les devis des gens de l'art, que, pour la somme que vous offrez, je ne ferai pas le sixième des constructions que je dois abandonner... Je consentirai à l'aliénation du presbytère, de l'église et d'une partie du jardin, moyennant la somme de 4.500 fr., payables un tiers dans le troisième mois de la passation du contrat de vente, un second tiers dans six mois et le troisième tiers dans un an, avec intérêt à 5 0/0 sans retenue... » La pauvreté des propriétaires de Vesse et la lenteur des formalités administratives mirent un terme aux pourparlers. En attendant leur reprise, François Givois avait gardé le presbytère pour son exploitation agricole et il avait loué l'église à la commune moyennant 90 fr. par an. C'était un superbe revenu pour une propriété qui lui avait coûté si peu !

Cette question de rachat des édifices religieux de Vesse resta en suspens jusque sous la Restauration. A ce moment-là, elle fut remise en discussion. Le 31 août 1815, le sous-préfet de Gannat écrivit au préfet de l'Allier : « Pour que la commune se décidât à de nouveaux sacrifices, il faudrait que l'acquéreur cédât le presbytère et l'église au même prix qu'il les tient de la Nation, car des procès onéreux et des charges nombreuses ne lui permettent pas de faire cette acquisition ». C'était mal connaître François Givois que de le supposer susceptible de faire des concessions semblables au gouvernement des Bourbons et même à celui de toute autre dynastie. Aussi, aucune négociation sur ces bases ne fut entamée avec lui, parce qu'elles étaient vouées d'avance à un piteux échec.

Le rachat de l'église et du presbytère de Vesse resta à l'état de projet pendant encore près de trois ans. Enfin, le 1ᵉʳ avril 1818, l'acte de vente fut signé par les intéressés. François Givois abandonnait à la commune ces deux immeubles, avec leurs dépendances, moyennant 4.500 fr., avec intérêts à 5 0/0 sans retenue, jusqu'à complet paiement. Il exigeait, en outre, surtout une parfaite exactitude dans les versements, parce qu'il ne voulait pas être obligé d'avoir à ce sujet la moindre contestation avec les autorités chargées de faire les recouvrements, tant il avait de méfiance contre elles.

En présence de ces procédés inqualifiables, le maire de Vesse dut demander d'urgence

au préfet de faire activer les rôles des contributions ordinaires et extraordinaires de 1819
et 1820, parce que les habitants désiraient se
libérer au plus tôt vis-à-vis un créancier aussi
exigeant. Cela se comprend.

Claude Bellavoine, propriétaire à Broût et
grand acquéreur de biens nationaux, acheta
l'église de Saint-Voir, le 15 messidor an VII,
au prix de 29.000 fr., payables en bons de
remboursement des deux tiers de la dette
publique, en vertu de la loi du 27 brumaire
an VII. Ce qui correspondait approximative-
ment à 800 fr. en espèces. Il en laissa la libre
disposition aux habitants de la commune, sans
exiger aucune rétribution pécuniaire ou autre,
à condition pourtant que les réparations
demeureraient à leur charge. A son décès,
cet usage fut continué par ses héritiers, mais
la nue propriété de l'édifice resta dans sa
famille.

Le 15 décembre 1872, les deux frères
Fouquet, Léon-Amédée et Charles-Félix, ven-
dirent l'église de Saint-Voir — qu'ils tenaient
de leur mère — aux habitants de cette commune, pour la somme de 12.000 fr., payables
en onze ans et sans intérêt. Ce fut l'édifice
religieux qui fut payé le plus cher dans tout
le département. Pour solder cette acquisition,
et vu l'insuffisance de ses ressources, le conseil
municipal, assisté des plus imposés, vota une
imposition extraordinaire de vingt centimes
au principal des quatre contributions, pendant
onze années consécutives, qui, d'après ses

prévisions, devait produire 7.960 fr. Par la même délibération, il pria l'Etat de lui accorder un secours de 4.100 fr. pour acquitter le surplus.

Le 22 juin 1874, le ministre de l'intérieur alloua à la commune de Saint-Voir 3.000 fr. seulement. Afin de parfaire les 12.000 fr. du prix de vente, il restait encore à trouver 1.100 fr., plus 1.200 fr. pour les frais d'acte. On ouvrit aussitôt dans la localité une souscription qui produisit 2.300 francs et on les déposa dans les mains de l'évêque. Le 4 décembre suivant, le trésorier-payeur général fut invité à les retirer pour désintéresser les créanciers. Ce qu'il fit.

## IV

Les échanges entre les communes et les particuliers constituent le quatrième et dernier moyen mis en œuvre par l'Administration pour obtenir la restitution des presbytères et des églises.

Quand il s'agit d'échange, il est rare que l'une des parties contractantes ne cherche pas à bénéficier sur l'autre, sous prétexte de lui être agréable et utile. La générosité et le désintéressement sont des déguisements si répandus partout!

Le 21 août 1857, Mme Gilbert Jacob, veuve Joseph Beauchamp, et son fils, Philibert Beauchamp, firent donation à la commune de Saint-Léon : 1° d'une maison couverte à tuiles plates appelée l'ancienne Cure et qui se trouvait proche de l'église; 2° des écuries, remises, étableries, grange attenantes; 3° d'une partie d'un enclos de 27 ares. Cette donation était consentie à condition que tous ces immeubles seraient affectés exclusivement au logement du ministre du culte catholique. Le revenu de ces biens était évalué deux cents francs qui, au denier vingt, représentait un capital de 4.000 fr. Mais les réserves et les charges imposées à la commune de Saint-Léon étaient considérables : « Elle sera tenue de réparer la partie de l'enclos à elle donnée par un mur qu'elle fera élever à ses frais et sur son terrain. Ce mur sera bâti à chaux et à sable et aura un mètre trente centimètres de hauteur.

» Les donateurs se réservent expressément le droit de passage par la cour et le jardin donnés. Toutefois, ce passage ne pourra exister que jusqu'à l'époque où le mur de séparation de l'enclos sera établi. A partir de ce moment-là, cette servitude sera éteinte au profit de la commune.

» Les donateurs se réservent expressément les eaux qui sortent de la fontaine dite de la Cure. Pour faciliter leur libre écoulement, les donateurs conserveront la propriété du fossé, qu'ils pourront alors récurer quand bon leur semblera, en déposant les jets sur le bord du terrain appartenant à la commune qui, en établissant son mur de séparation, aura soin de ménager, pour l'écoulement des eaux, une ouverture sur laquelle les donateurs auront la faculté de placer une grille.

» Tous les jours de la grange et de l'écurie donnant dans la partie de l'enclos réservée aux donateurs seront bouchés aux frais de la commune immédiatement après son entrée en jouissance. Seulement, elle aura droit de tour d'échelle sur l'enclos pour les réparations à faire à ces bâtiments. Toutefois ce droit ne pourra s'exercer qu'au moment où les récoltes éprouveront le moins de dommages.

» Pour indemniser les donateurs, la commune devra leur payer une somme de 700 fr.

» Comme condition essentielle de cette donation, le chemin partant de la maison de la Voûte, appartenant à Mme Beauchamp mère et aboutissant à la rue Creux-Pichot, sera supprimé depuis son point de départ jusqu'à la rue des Gaillards. Cette voie de communication sera remplacée par une autre qui devra avoir six mètres de largeur et qui, partant du point où la rue Creux-Pichot fait sa jonction avec le chemin des Gaillards jusqu'à l'héritage de Fagot, entrera dans les terrains Crouzier et Beauchamp, pour aller aboutir, en faisant une courbe, à la route de Saint-Léon au Donjon. Ces travaux devront être exécutés dans le délai d'un an et aux frais de la commune.

» Les donateurs auront la faculté dans le cours de dix ans, à partir de l'entrée en jouissance de la commune, de changer l'assiette du chemin qui longe la propriété de la Voûte et va aboutir au lieu de Samperre, et de le faire passer par le pâturail et la vigne des donateurs. Par suite de ce nouveau tracé, le terrain qui se trouvera entre le chemin et la propriété de la Voûte appartiendra aux donateurs, et ce chemin sera nivelé et empierré aux frais de la commune ».

Cet acte fut passé par devant Félix Gomot, notaire à Chavroche, en présence de Jean-Pierre-Marie-Gilbert Meilheurat et Clément Durantet. Dès qu'il fut connu, il souleva à Saint-Léon des discussions fort animées; mais comme il fallait l'assentiment du conseil municipal pour que le projet de Philibert Beauchamp et de sa mère pût être exécuté dans sa forme et teneur, le maire convoqua cette assemblée, le 27 septembre 1857. Après une discussion orageuse, la donation de Mme et de M. Beauchamp fut rejetée à la majorité de six voix contre trois, parce que la suppression presque totale de la place publique, la diminution de largeur de la rue des Gaillards près celle du Creux-Pichot, le changement des chemins, la somme de 700 fr. à verser, le mur de clôture à élever seraient préjudiciables aux habitants en même temps qu'onéreuses pour la commune.

Cette importante question de donation-échange revint encore en discussion, par devant le conseil municipal, le 22 novembre suivant. Par six voix contre cinq, les propositions de la famille Beauchamp furent rejetées à peu près pour les mêmes raisons.

En présence de ce double refus, le préfet de l'Allier écrivit aux donateurs d'introduire de larges modifications dans leur projet d'échange, pour qu'il eût des chances d'aboutir. Philibert Beauchamp lui répondit qu'il prenait l'engagement suivant :

« 1° Je consens à prendre pour limite de la concession que me fera la commune d'une partie de la place au-devant de la Voûte, une ligne à peu près droite, telle qu'elle existe sur le petit plan qui est dans vos bureaux;

» 2° Je renonce à la somme de 700 fr. que devait me payer la commune, aux termes de mon projet de donation;

» 3° Je donnerai à la commune 300 fr. pour l'aider à la confection des nouveaux chemins, aux termes de mon projet de donation.

» Toutes les autres conditions seront maintenues ».

Le 15 mai 1858, le conseil municipal de Saint-Léon fut appelé à délibérer sur les nouvelles propositions de Philibert Beauchamp, et il les rejeta par six voix contre trois, « parce qu'elles auraient toujours pour résultat la suppression de la rue de la Voûte et d'une partie de la place publique, dans une localité où les constructions tendent continuellement à augmenter, et que ce serait plutôt le cas de créer de nouvelles voies de communications que de supprimer celles existantes ».

En apprenant la nouvelle du rejet de ce projet d'échange, le préfet de l'Allier ne put maîtriser son dépit et résolut d'autoriser d'office son acceptation. Mais avant de prendre cette décision, il en référa au ministre de l'intérieur, qui s'efforça de le calmer, et l'engagea vivement à faire de nouvelles démarches auprès de Philibert Beauchamp pour l'amener à retrancher de la donation toutes les clauses relatives à l'échange des chemins et terrains communaux.

Le préfet s'employa de son mieux à exécuter les instructions du ministre de l'intérieur et parvint à obtenir de Philibert Beauchamp quelques légères modifications à son projet d'échange. C'est dans ces conditions qu'il fut soumis de nouveau au conseil municipal de Saint-Léon les 22 juillet, 5 août et 16 décembre 1860, les 11 février et 20 avril 1861. Cette assemblée, dont le corps électoral avait modifié partiellement la composition, accepta tous les articles de ce nouveau contrat et vota même des remerciements au généreux donateur du presbytère. De son côté, le maire promit de réclamer auprès de l'Administration supérieure les autorisations nécessaires pour que la commune fût habile à accepter.

Oublia-t-il sa promesse ou bien ne put-il pas la tenir? Je ne sais. Toujours est-il que trente ans plus tard aucune pièce n'avait encore été fournie à la préfecture de l'Allier dans le but d'obtenir l'autorisation d'accepter cet échange. Afin de régulariser cette situation, le sous-préfet de Lapalisse invita le conseil municipal de Saint-Léon à se réunir le 23 septembre 1894 pour délibérer à ce sujet. Après un examen approfondi de la question, cette assemblée déclara que « si la donation contenue dans l'acte notarié du 27 décembre 1860 n'a pas été légalement autorisée, elle demande qu'elle ne le soit pas, ou si elle l'a été, elle prie l'Administration supérieure de lui faire savoir si le conseil municipal peut faire annuler cette autorisation, et cela, parce que la commune de Saint-Léon a été lésée dans ses intérêts (lesquels étaient soutenus par les délibérations des 27 septembre, 22 novembre 1857 et 15 mai 1858), l'échange de chemins et la donation d'un presbytère ne faisant pour ainsi dire qu'une seule et même affaire ». Nous ignorons la sanction qui fut donnée à cette énergique déclaration.

Lors de l'établissement des succursales dans l'Allier, l'église de Broût, qui avait été vendue nationalement à Cavy, appartenait à ce moment-là à Claude Bellavoine. Son gendre et héritier, Chassaing, proposa de la céder à la commune en échange de 18 hectares de terrain à prendre dans le communal des Brosses. Le 14 avril 1811, le maire de Broût convoqua les habitants de la section Lafond, à l'effet de délibérer sur les avantages et les inconvénients de cet échange. A l'unanimité, il fut décidé que les héritiers de Claude Bellavoine seraient autorisés à prendre dix-huit hectares deux décares de terrain dans le communal des Brosses, en échange de l'église estimée 3.600 fr., à condition que les habitants des autres sections autres que celle de Lafond seraient tenus de verser 3.000 fr. pour assurer la construction du presbytère.

Le lendemain, le conseil municipal de

Broût approuva cette décision et autorisa les habitants de la commune autres que ceux de Lafond à s'imposer, pendant trois années consécutives, d'une somme de 800 fr., ce qui produirait 2.400 fr. Quant au surplus, il serait acquitté en nature.

Un procès pendant à la cour de Riom, au sujet de la propriété du communal des Brosses, et aussi l'introduction de cette dernière clause, empêchèrent pendant plus de dix ans la réalisation de ce contrat d'échange. Enfin, le 23 septembre 1821, le conseil municipal de Broût, assisté des plus imposés, consentit à l'approuver, sans obliger toutefois les habitants de la commune autres que ceux de Lafond à s'imposer extraordinairement d'une somme de 3.000 fr. pour la construction d'un presbytère. Le 25 décembre 1822, le Roi entérina cet acte d'échange.

L'église de Varennes-sur-Tèche fut vendue aux enchères publiques, à Moulins, le 22 fructidor an VI, à Meilheurat, des Virots, pour la somme de 10.100 fr. Le mauvais état des finances de la commune ne lui permettant pas de racheter cet édifice, elle se contenta de le louer pour les pratiques du culte. Sous le règne de Louis XVIII, une occasion favorable de recouvrer son église se présenta inopinément; elle s'empressa d'en profiter.

A la fin de l'année 1819, le maire de Varennes-sur-Tèche ayant appris que le propriétaire de l'église avait l'intention de la céder à la commune moyennant quelques légers sacrifices de sa part, se rendit près de lui dans le but de connaître ses conditions. Elles lui parurent si avantageuses qu'il alla aussitôt chez le sous-préfet de Lapalisse pour lui apprendre cette nouvelle et lui demander l'autorisation de continuer les négociations. Ayant reçu une réponse favorable et des encouragements de la part de ce fonctionnaire, le maire de Varennes-sur-Têche déploya une diligence telle qu'il arriva, le 28 janvier 1820, à signer avec le propriétaire de l'église un acte d'échange sur les bases suivantes : « La commune abandonne à Meilheurat, des Virots : 1° tous droits de propriété à un tènement de terrain communal qui longe la haie d'un pré appelé la Prairie, appartenant audit Meilheurat, jusqu'au fil de l'eau du ruisseau traversant le chemin de Varennes à Lapalisse, sur une longueur de 210 mètres environ; 2° tous droits de propriété au fossé qui longe la haie dudit pré sur une longueur de 133 mètres environ; 3° tous droits de propriété à une largeur de deux mètres de terrain, au haut du chemin de Varennes à Servilly, et neuf mètres de terrain intermédiaire au fossé et audit chemin le long de la rivière de Têche; 4° tous droits à la propriété de trente et un peupliers existant sur cette même partie de terrain intermédiaire auxdits fossés et chemin; 5° tous droits et actions qu'elle aurait pu exercer contre ledit Meilheurat, des Virots, pour la coupe faite par lui de quelques-uns desdits arbres ci-dessus cédés et échangés contre l'église du lieu, appartenant à Meilheurat, des Virots, qui est d'une valeur bien supérieure aux objets cédés par la commune en contre-échange ».

Le 22 août suivant, cet avantageux traité recevait son exécution pleine et entière.

L'église d'Autry-Issards est un des rares édifices religieux de l'Allier dont le retour à la commune n'ait rien coûté aux contribuables, pas même une lettre de remerciements.

Cet immeuble fut vendu, le 6 thermidor an VII, à Barthélemy Esminjaud, moyennant 50.000 francs, payables en bons de remboursement des deux tiers de la dette publique consolidée, en vertu de la loi du 27 brumaire an VII.

Le 5 thermidor an XII, Barthélemy Esminjaud revendit l'église d'Autry-Issards à François Fallier, desservant de la paroisse, qui la rendit à sa destination primitive. Ce prêtre, dont l'existence avait été très agitée pendant la Révolution, mourut, le 2 février 1806, dans un état de pauvreté telle, qu'on vendit ses meubles à l'encan et que ses héritiers renoncèrent à sa succession.

On nomma comme curateur Marien Sour, teinturier à Moulins, lequel ne se présenta jamais et finit même par quitter le pays. Depuis l'ouverture de la succession et la disparition du curateur, personne ne vint exercer des droits sur l'église et contrarier l'affectation que lui avait attribuée François Fallier. Le culte continua à s'y exercer comme auparavant, les grosses réparations furent exécutées par les soins du conseil municipal et l'entretien fut assuré par la fabrique.

Cette situation sans précédent dura dix ans. Le 3 mai 1816, le comte de la Vieuville, préfet de l'Allier, en ayant été instruit, prit possession de l'église d'Autry-Issards au nom de l'Etat, « comme bien vacant et sans maître, en vertu de l'article 539 du Code civil », et sa thèse fut admise par le tribunal de Moulins, sans la moindre difficulté, le 26 août suivant (1).

<h2 style="text-align:center">V</h2>

Lorsque les émigrés rentrèrent en France, en vertu du senatus-consulte du 6 floréal an X, ils acceptèrent la situation qui avait été faite aux églises et presbytères par les lois de la Révolution, et ne cherchèrent pas à revendiquer les droits qu'ils pouvaient avoir sur ceux qui touchaient à leurs châteaux et avaient échappé aux enchères. Pourtant un d'entre eux fit exception à cette règle quasi absolue, ce fut Louis-François-Joseph Bourbon-Busset. Querelleur, processif, il déclara la guerre à la municipalité dès qu'il eut mis le pied dans la commune. Heureusement pour les habitants de Busset qu'il avait affaire à

_______________

(1) Le lecteur s'étonnera sans doute du petit nombre de donations, rachats et échanges des presbytères et églises contenus dans ce chapitre. Assurément, il en existe beaucoup d'autres dans l'Allier, et si nous les avons passés sous silence, c'est parce que ces contrats, toujours identiques, n'offrent point d'intérêt historique.

un conseil municipal énergique composé de Bernard, Bertucat, Auroy, Dacher, Lallias, Désormières, et à un maire froid, impassible, ferme et judicieux qui s'appelait Gontier.

Les hostilités commencèrent en 1807 et furent très vives, presque ininterrompues, en 1809 et 1810.

Il y avait une place publique entre le parc et le château, qui servait de foirail et de lieu de réunion les jours de fête, Louis-François-Joseph Bourbon-Busset s'en empara, fit élaguer les arbres jusqu'à la pile et s'appropria les branches. A l'est de son château, il y avait une petite longe de terrain communal qui lui convenait; il l'entoura d'un mur. Il existait un chemin vicinal allant de Busset à Saint-Yorre; Louis-François-Joseph Bourbon-Busset le fit défricher en partie et mettre en culture. La couverture de l'église paroissiale avait besoin de réparations ; il les fit exécuter sans en demander la permission à la fabrique et au maire. Enfin, l'acte le plus extravagant qu'il commit, ce fut l'interdiction de l'accès de cet édifice aux habitants des paroisses de Busset et de Saint-Yorre, réunies ensemble pour le spirituel. Afin d'atteindre ce but, voici de quelle manière il s'y prit. L'église paroissiale se trouvait située dans l'enceinte même du château. Quand on voulait s'y rendre, il fallait traverser la cour d'honneur. Pour pénétrer dans cette cour, on devait passer au-dessous d'un clocher placé au-dessus de deux gros murs, entre lesquels il existait une grande porte cochère à deux battants, en forme de pont-levis, fermant l'entrée du château et, conséquemment, celle de l'église.

Pour se venger des habitants, cet ex-seigneur rebelle fit fermer méchamment, les dimanches et jours de fête, au moment des offices, la porte d'entrée placée au-dessous du clocher, et ne laissa à leur disposition qu'une petite issue de deux pieds de large sur quatre de haut, située près de la grande porte cochère. Par cette issue, on ne pouvait passer qu'à la file indienne et en se baissant, de telle sorte qu'après les cérémonies religieuses, on assistait à un défilé interminable de piétons pressés les uns sur les autres.

Afin de mettre un terme à ces usurpations et à ces abus d'autorité, des procès-verbaux furent dressés à tout instant contre Louis-François-Joseph Bourbon-Busset. Mais il n'en tint aucun compte, car s'il s'appropriait les biens communaux, tel était son bon plaisir.

En présence de ce mépris envers l'autorité municipale et de ces atteintes incessantes contre les propriétés publiques, Gontier se déclara impuissant à les conjurer ou à les réprimer, et il pria l'Administration préfectorale d'ouvrir une enquête dans la commune. Le sous-préfet de Lapalisse, Cossonnier, fut commis à cet effet. Il se transporta à Busset au mois de juin 1808, convoqua les habitants, le desservant, écouta les explications de chacun, visita les lieux, et demanda au maire et à Louis-François-Joseph Bourbon-Busset de lui adresser à bref délai, avec pièces et titres à l'appui, un mémoire explicatif dans lequel l'un et l'autre répondraient aux quatre questions suivantes:

« 1° La propriété de la place existant entre le château de Busset et le parc appartient-elle à M. Bourbon-Busset, ou bien est-elle une propriété communale?

» 2° L'église appartient-elle à M. Bourbon-Busset où bien à la commune?

» 3° Le clocher, au-dessous duquel est un grand portail pour entrer dans la première cour du château de Busset et par cette cour dans l'église, est-il une propriété communale?

» 4° M. Bourbon-Busset a-t-il le droit de renfermer par un mur à l'est de son château une petite longe de terrain qui faisait auparavant suite immédiate ou partie de la place de la Foire? »

Louis-François-Joseph Bourbon-Busset développa ainsi ses moyens.

Sur la première question, il avança : que la place prétendue commune était une aisance de son château, à qui elle tient immédiatement, ainsi qu'à son parc, et ne fut jamais une propriété communale; que cette aisance fut laissée par ses auteurs pour servir de communication entre le château et le parc; qu'elle fut plantée d'arbres par eux et qu'ils en ont toujours joui; qu'enfin, l'acte d'échange produit par la commune, sous la date du 17 août 1720, établit lui-même son droit de propriété sur cette place. Sur la seconde : que l'église que la commune appelle l'église paroissiale de Busset n'est autre que la chapelle du château avec lequel elle est, pour ainsi dire, identifiée; que l'exercice du culte qui y a lieu publiquement et pour tous les habitants n'a d'autre cause que la tolérance de la part de ses auteurs et de la sienne; que cet édifice, construit au milieu des cours de son château, dont partie des murs lui est commune, a été bâti par ses ancêtres et sur leurs propriétés; et, enfin, qu'une jouissance par pure tolérance, si longue qu'elle puisse être, ne peut détruire le droit de propriété. Sur la troisième : que le placement d'une charpente et des cloches sur le portail ou édifice servant de portail à double porte et anciennement pont-levis pour son château, ainsi que l'usage pour la sonnerie des cloches, n'ont procédé que par tolérance et n'ont pu détruire son droit de propriété pour le transmettre à la commune. Sur la quatrième : que la partie de terrain qu'il a renfermée par un mur est une aisance et comme un tour d'échelle de son château; qu'il n'a en cela fait que continuer le mur de clôture qui avait été défait, il y a plus de vingt ans, en suivant son même alignement, et qu'il invoque à cet égard le contrat d'échange du 5 août 1720.

Le maire Gontier ne répondit que d'une façon générale aux quatre questions qui avaient été posées. Il assura que de tout temps les deux portes d'entrée de la cour du château avaient été ouvertes au public; que Louis-François-Joseph Bourbon-Busset répandait faussement le bruit que le gouvernement avait rendu une loi en faveur de laquelle il était réintégré dans la propriété de l'église et du clocher; enfin, que les moyens des habitants pour établir « que l'église existante est paroissiale sont péremptoires et prépondérants ». Et, à l'appui de son opinion, il fit parvenir au commissaire-enquêteur une énorme quantité de documents qui permirent à celui-ci d'établir son jugement sur des bases solides.

Après les avoir examinés et analysés pendant huit mois, Cossonnier envoya son rapport au préfet le 27 février 1809. Malheureusement, il est trop long et trop technique pour que nous puissions le citer dans tous ses détails; nous nous contenterons d'en énumérer les parties essentielles :

« Sur les deuxième et troisième questions, considérant, y était-il exposé, que soit l'église, soit le clocher dont il est fait mention, sont d'une ancienne construction; que s'il paraît naturel de croire que, dans l'origine, l'église et le clocher ont été construits sur la propriété du seigneur ou maître du château de Busset, ou même qu'ils ont été construits par lui, la jouissance immémoriale des habitants de Busset, et qui, sans contredit, se perd dans la nuit des temps, fait présumer qu'elle a procédé en vertu d'un acte de concession à titre onéreux ou gratuit de la part du seigneur de Busset, et d'ailleurs, même à défaut d'acte de concession, est suffisante pour former titre de propriété à la commune;

» Que divers comptes de fabrique des

années 1654, 1655, 1656, 1657, 1658, 1659, 1676, 1677, 1760, 1761, 1762, 1763, 1774, 1775, 1776 et 1777, justifient que soit l'église, soit le clocher, la charpente, la sonnerie, la toiture du clocher et l'escalier en pierre pratiqué à l'est du portail, ont été entretenus et réparés aux dépens des habitants et de la fabrique, établissent par là une possession constante, non interrompue, à titre de propriété, et excluent toute idée de pure tolérance de la part du seigneur et de propriété résidant sur sa tête;

» Que par plusieurs actes authentiques des 18 février 1619 et janvier 1633, 30 août 1661 et 11 novembre 1766, les prédécesseurs de M. Bourbon-Busset ont créé différentes rentes ou fondations en l'église paroissiale de Busset; que celui de 1661 porte, en outre, la création d'une rente de 100 livres pour l'entretien d'un prêtre chargé d'instruire les enfants, de dire la messe et les prières les dimanches et fêtes dans la chapelle du château de Busset; qu'un procès-verbal du 16 juin 1686 constate qu'un aumônier du château était empêché par le curé de Busset de dire la messe dans l'église paroissiale, et qu'un autre procès-verbal du 1er mai 1698 constatait la visite de cette église par l'évêque de Clermont;

» Qu'il est établi que l'église paroissiale de Busset était dans ces temps, comme à présent, distincte de la chapelle du château qui y tient immédiatement;

» Que le droit de propriété de la commune de Busset sur l'église et le clocher est incon-

testable et déclare folle la prétention de
M. Bourbon-Busset;

» Que le droit de propriété, confirmé par
une possession ancienne, interdit à M. Bourbon-Busset la faculté de fermer à son gré la
grande porte placée au-dessous du clocher et
d'opposer aucun obstacle à la libre entrée et
sortie des habitants par cette porte, leur seul
passage, notamment les jours de fêtes et
dimanches, et tous autres jours de leurs
réunions;

» Que soit qu'on considère le portail comme
commun entre les habitants et M. Bourbon-
Busset, soit qu'on envisage ce droit de passage
par ce portail comme une simple servitude, il
est évident que les habitants de Busset ont
essentiellement le droit d'exiger que la grande
porte dont il s'agit demeure ouverte au moins
durant le jour; si M. Bourbon-Busset peut la
faire fermer les nuits, auquel cas il est
nécessaire que la petite porte puisse être
ouverte par le desservant ou ses marguilliers;

» Sur les première et quatrième questions, considérant que, quoique par l'énoncé
précédemment rappelé de baux des places
autour du château, des années 1540 et 1542,
et par le titre produit par la commune du
5 août 1720, il soit dit et puisse être induit
que ces deux places existant au nord et à l'est
du château de Busset appartenaient au propriétaire de ce château, les nouvelles lois n'en
ont pas moins disposé autrement et ont rétabli
la commune dans le droit de propriété de ces
deux places en abolissant le régime féodal

et la justice seigneuriale qui pouvaient l'en avoir dépouillé;

» Que la jouissance exercée de tout temps sur ces deux places par les habitants de Busset, à qui elles ont toujours servi, soit les jours de foires et marchés, soit les autres jours de l'année, pour la réunion des citoyens et leurs cérémonies religieuses et généralement pour tous les usages, possession non contestée, non déniée par M. Bourbon-Busset, ne laisse rien à désirer pour établir et rendre incontestable ce droit de propriété des habitants de Busset sur les deux places en question;

» Que cette possession ne peut être viciée par l'objection de M. Bourbon-Busset, qu'elle n'a lieu que par tolérance et que les dénominations des places publiques assurées par les titres à ces deux places donne sans contredit à la jouissance des habitants de Busset le caractère qui émane essentiellement du droit de propriété... »

Le sous-préfet de Lapalisse, Cossonnier, termine son exposé en concluant « qu'il y a lieu de déclarer que l'église, le clocher, le droit de passage par le grand portail et par la cour qui aboutit à l'église, le droit de réunion dans cette même cour pour les exercices religieux, et d'ouverture, pendant le jour, de la grande porte d'entrée existant au-dessous du clocher; le droit d'entrer et de sortir par la petite porte, soit le jour, soit la nuit; la place publique au nord des bâtiments du château, enfin la place publique à l'est des bâtiments du château, sont propriétés publiques et communales ».

Ces différentes affaires furent portées devant le conseil de préfecture de l'Allier, qui se déclara incompétent en partie tout au moins. Nous ignorons si le tribunal de Cusset et la cour de Riom en eurent ensuite connaissance, car nos renseignements s'arrêtent au seuil du prétoire de la justice civile.

# CHAPITRE III

---

Influence du Coup d'Etat du 18 fructidor an V sur les adjudications des biens de deuxième origine.

Lois du 9 floréal an III et 8 messidor an VII sur les présuccessions et le partage avec les ascendants d'émigrés.

Adjudication des fonds ruraux de deuxième origine. Leur paiement en numéraire à partir du 26 vendémiaire an VII.

Deux catégories différentes d'acquéreurs. Les familles des émigrés prennent une large part aux enchères.

Vente de la terre des Echerolles à La Ferté, Saint-Gérand-de-Vaux, Saint-Loup et Monétay-sur-Allier, les 11, 12 et 25 messidor an VI. Elle est annulée.

On la remet aux enchères les 15 nivôse et 27 ventôse an VII. Rachat partiel de cette terre par la famille.

L'administration préfectorale facilite la restitution des biens d'émigrés.

## I

La presque totalité des biens de deuxième origine avaient été aliénés aux districts sous la Convention nationale. Il ne restait plus dans les mains de l'Administration centrale de l'Allier, à la fin de l'an IV, que des parcelles de terre indivises entre les émigrés et leurs femmes, leurs frères ou sœurs, et quelques maigres successions en ligne collatérale qui leur étaient échues inopinément durant leur absence. La période des longues et fructueuses séances d'adjudication menaçait donc de prendre fin. Un événement imprévu allait leur fournir un léger regain d'activité.

A la suite des élections du 20 germinal an V, qui avaient été nettement hostiles à la politique du Directoire exécutif, les nobles étaient rentrés en foule en Bourbonnais pour se faire rayer de la liste des émigrés et conspirer ensuite à leur aise. A la faveur des tendances royalistes de l'Administration centrale, Antoine d'Escrot d'Estrées, de Molinet; Jean-Nicolas et Gilbert-Emmanuel de Fradel, de Saint-Félix ; Claude-Girard du Rozet, d'Etroussat; Gaspard-Picard du Chambon, de Pierrefitte; Joseph-Jean-Népomucène Roy de Lécluse, de Neuilly-le-Réal, et François Tonnelier des Quiliers, du Donjon, parvinrent à obtenir leur radiation provisoire. Mais le Coup d'Etat du 18 fructidor suivant annula les décisions téméraires qui avaient été prises à leur égard. Tous durent reprendre sans délai le chemin de l'exil afin d'échapper à l'emprisonnement et à la déportation. Giraud des Echerolles et ses enfants, qui avaient obtenu également leur radiation provisoire, et qui résidaient, grâce à elle, tantôt à Moulins, tantôt à Lyon, durent aussi demander des passeports pour la Suisse.

Tous ces émigrés avaient personnellement de la fortune ou devaient en avoir à la mort de leurs ascendants. La commune de Molinet appartenait en grande partie à la famille d'Escrot d'Estrées; les deux frères de Fradel et Tonnelier des Quiliers avaient des fonds de terre de valeur à Billy, Saint-Félix, Langy, Sanssat et Saint-Etienne-du-Bas; Claude-Girard du Rozet et son frère Jacques possédaient de beaux vignobles à Etroussat et Saint-Rach; Roy de Lécluse était le plus riche hobereau du canton de Neuilly-le-Réal; Gaspard-Picard du Chambon avait encore de vastes domaines à Saligny et Pierrefitte. Quant au patrimoine de Giraud des Echerolles, il s'étendait sur les communes de La Ferté, Saint-Gérand-de-Vaux et un peu sur celles de Saint-Loup et de Monétay-sur-Allier. Quelle que fût la valeur vénale de tous ces immeubles, leur nombre était trop restreint pour alimenter plus d'une dizaine de séances d'adjudication. C'était peu, en comparaison de celles qui s'étaient déroulées devant les districts les années précédentes. A vrai dire, cette infériorité numérique disparut en partie par la mise en vigueur de la loi du 9 floréal an III sur les biens pré-successoraux. Pour la compréhension de ce qui va suivre, il est absolument nécessaire d'en connaître les dispositions fondamentales.

A partir du 9 floréal an III, chaque père ou mère d'émigré, chaque aïeul ou aïeule et autre ascendant ou ascendante, dont un émigré se trouvait être héritier présomptif et immédiat, comme représentant son père ou sa mère décédés, fut tenu de fournir la déclaration de ses biens au directoire de son district, lequel, avec l'assistance du procureur-syndic, procédait à la liquidation du patrimoine déclaré.

Seuls, les biens donnés aux successibles avant le 14 juillet 1789 devaient en être distraits.

Si le patrimoine ainsi liquidé n'excédait pas 20.000 l. de capital, le directoire arrêtait que la République y renonçait et qu'elle en faisait l'abandon définitif à l'ascendant. Si, au contraire, le patrimoine liquidé excédait 20.000 l. de capital, le directoire prélevait d'abord cette somme en faveur de l'ascendant. Il faisait ensuite du surplus autant de parts égales qu'il y avait de têtes ou de souches de successeurs présents et émigrés, l'ascendant comptant pour une. Après le partage, le directoire expédiait à l'ascendant, sur le pied de son estimation, et en biens, meubles, immeubles et capitaux dépendant du patrimoine : 1° le montant des dettes passives distraites; 2° les 20.000 l. prélevées à son profit; 3° la portion du surplus; 4° celles de tous ses co-successeurs non émigrés. Quant aux portions qui revenaient aux émigrés, elles étaient réunies au domaine national, sans espoir de retranchement pour les enfants qui pourraient survenir à l'ascendant pré-succédé.

Le 8 messidor an VII, les Conseils des Anciens et des Cinq-Cents complétèrent ainsi la loi que nous venons de citer : « Les pères, mères et autres ascendants et ascendantes d'émigrés auront, ainsi que leur famille, la libre disposition de toutes les successions qui ont pu leur échoir depuis le 9 floréal an III, ou qui pourraient leur échoir tant en ligne directe qu'en ligne collatérale, sans que la République puisse y exercer aucun droit successif.

» Il sera sans délai donné mainlevée auxdits ascendants qui se trouveront dans le cas prévu ci-dessus, de tout séquestre apposé sur les successions à eux échues, ainsi qu'à leur famille, depuis le 9 floréal an III, sans restitution de fruits.

» Mais la République recueillera la partie qui lui revient par représentation des émigrés dans toutes les successions échues antérieurement, eu égard au nombre des enfants lors subsistants, l'ascendant étant toujours compté pour un ».

Ce contrat bilatéral entre la République et les pères et mères ou autres ascendants des émigrés fut également avantageux aux deux parties contractantes. Par suite du partage des biens pré-successoraux, la République eut la faculté de réunir à son domaine la portion qui lui revenait, et les parents des émigrés conservèrent la libre disposition du surplus, ainsi que le droit de recueillir toutes les successions qui pouvaient leur échoir et toutes celles qui leur étaient échues depuis le 9 floréal an III et qu'on avait mis sous séquestre. La liquidation était achevée et le terrain politique déblayé des irritants problèmes fiscaux inhérents à l'émigration. Les jurisconsultes de l'époque ne le comprirent pas, du reste, d'une façon différente. Voici en quels termes s'exprimait le Conseil d'Etat, le 5 germinal an IX : « Le partage de pré-succession établi par la loi du 9 floréal an III est un véritable marché à forfait entre l'ascendant et la République, au moyen duquel celle-ci prend avant la mort de l'ascendant la part de sa succession qu'elle n'eût dû obtenir qu'après son décès. Mais elle ne l'obtient qu'au moyen d'importants sacrifices, consistant en renonciations à prendre part dans le préciput de 20.000 l. qu'emporte l'ascendant, dans la part de successible que la loi lui accorde en sus, ainsi qu'à toutes les successions directes et collatérales qui pourraient échoir aux émigrés qu'elle représente.

» Il était bien juste qu'en dédommagement de toutes ces renonciations, la part de succession qui lui est attribuée par le partage demeurât définitivement réunie à son domaine, quels que pussent être les événements postérieurs à la consommation du partage.

» Aussi la loi du 9 floréal an III a-t-elle entendu, que le lot advenu à la République par l'événement du partage lui demeurât irrévocablement acquis et qu'elle ne veut pas que ce lot éprouve aucun retranchement, même par suite de survenance d'enfant après le partage. Ce qui prouve bien que, par ce partage, tout est consommé sans retour, et que, quoi qu'il arrive, on n'a plus rien à se demander réciproquement ». C'est également notre avis.

## II

Nous ne connaissons pas de ventes d'effets mobiliers de deuxième origine sous le Directoire exécutif. S'il y en eut, elles durent être peu nombreuses et peu importantes, et les administrations municipales de canton négligèrent de verser les bordereaux au département.

Les ventes des immeubles de deuxième origine commencèrent le 6 messidor an IV et continuèrent jusqu'au 25 pluviôse an XII. Pendant les deux premières années du gouvernement directorial, elles s'effectuèrent en vertu des lois du 28 ventôse an IV dont nous avons parlé aux chapitres précédents et de celles du 9 vendémiaire et 16 frimaire an VI. Durant toute cette période bisannuelle, les achats furent acquittés en assignats, mandats, bons de remboursement, au porteur ou autres effets équivalents et une très faible partie en numéraire. Il s'ensuivit que les enchères montèrent à des chiffres excessifs qui, au premier abord, déroutent l'imagination. Souvent, en effet, on voyait un domaine de 20 à 30 hectares de médiocre qualité atteindre la somme de 250.000 fr. et même davantage. Ce prix était fictif. La valeur en espèces doit être calculée sur l'intérêt du montant total de la vente, à raison de 1 fr. 90 0/0. De telle sorte que ce domaine de 30 hectares que nous prenons pour exemple ne valait en réalité que 4.750 fr., ainsi qu'on le verra plus loin.

C'était une dérision. Les Conseils des Anciens et des Cinq-Cents y mirent un terme. Le 26 vendémiaire an VII, ils rendirent une loi dont voici les dispositions essentielles : « Les ventes des domaines nationaux autres que les bâtiments affectés au service public et les bois non aliénables auront lieu à la chaleur des enchères. La première mise à prix des biens ruraux sera de huit fois le revenu annuel.

» Le montant de la première mise à prix et des enchères sera payé en numéraire métallique.

» Il est accordé aux acquéreurs, à dater du jour de l'adjudication, dix-huit mois pour payer la première mise à prix, et un délai égal, après l'expiration du premier, pour le paiement du montant des enchères ».

A partir de ce moment, le chiffre des adjudications descendit à un taux très faible, à cause de la valeur de l'argent et de la dépréciation du papier-monnaie. Pour avoir une idée de cette dépréciation, il suffit de jeter un coup d'œil sur la loi du 27 brumaire suivant. Citons en trois articles : « Les acqué-reurs de domaines nationaux, en exécution de la loi du 9 vendémiaire an VI, qui n'ont pas encore acquitté la partie du prix de leur acquisition payable en bons de rembourse-ment des deux tiers de la dette publique ou effets équivalents, sont admis à se libérer en numéraire.

» Les acquéreurs qui se libèreront en numé-raire, dans les deux premiers mois, ne paieront qu'un franc quatre-vingt-dix centimes par cent francs de la somme due en bons de remboursement ou effets équivalents ; ceux qui ne se libèreront que dans le troisième mois, un franc quatre-vingt-quinze par cent francs; et ceux qui ne se libèreront que dans le quatrième et dernier, deux francs.

» Dans les cinq décades, après la publi-cation de la présente loi, ils pourront en payer en bons de remboursement ou effets équivalents la partie du prix de leur acquisition payable jusqu'à ce jour. Passé ce délai, ils ne pourront se libérer qu'en numéraire ».

Sous le gouvernement consulaire, la vente des fonds ruraux appartenant à la nation continua d'avoir lieu par la voie des enchères publiques. La mise à prix de ces fonds fut fixée, par la loi du 15 floréal an X, à dix fois le revenu en 1790. Le montant de la vente devait être acquitté en numéraire par cinquième, le premier dans les trois mois de l'adjudication, le second un an après le premier, et les trois autres aussi successivement d'année en année. Le paiement des termes à longue échéance ne pouvait qu'être avantageux aux transactions. Quant aux fonds ruraux que la République possédait par indivis et qui n'étaient pas susceptibles de partage, ils furent soumis à la vente d'après les mêmes formes et aux mêmes conditions que ceux qui lui appartenaient sous part d'autrui, et les propriétaires par indivis avec la République devaient percevoir aux échéances leur portion dans le prix.

Le lendemain, 16 floréal an X, la vente des bâtiments nationaux ne servant pas à l'exploitation fut établie sur les mêmes bases et d'après les mêmes principes que celle des biens ruraux. Le montant de l'adjudication dut être acquitté en numéraire et la mise à prix fut fixée à six fois le revenu en 1790.

Ces deux lois eurent l'immense avantage d'uniformiser les adjudications des fonds de terre et celles des bâtiments servant à l'habitation seulement.

L'état social, moral et politique des acquéreurs de biens nationaux de deuxième origine est tout différent de celui des acquéreurs de biens nationaux de première origine dont nous avons parlé dans le premier chapitre de ce volume. Sans doute on retrouve encore des spéculateurs tels que Bodin, Betin, Collin, Vindrinet, Deffontis, Couchard, etc.; mais les petits et moyens adjudicataires sont clairsemés, et se tinrent presque à l'écart. Quand l'argent fut retiré de la circulation à partir du 28 ventôse an IV, ils le rangèrent soigneusement dans leurs armoires et attendirent patiemment que de nouvelles occasions s'offrissent à eux pour le faire sortir et l'utiliser. Leur attente ne devait pas être de longue durée, mais leurs projets furent contrecarrés par un nouveau groupement d'acquéreurs qui n'étaient autres que les familles mêmes des émigrés. Les pères, mères, femmes, frères et sœurs, beaux-frères et belles-sœurs se ruèrent sur les propriétés nationales livrées aux enchères et les arrachèrent des mains des étrangers qui venaient les leur disputer.

Les exemples d'achat des biens de deuxième origine par les familles des émigrés sont si nombreux que plusieurs pages seraient nécessaires pour les énumérer tous ; nous ne citerons ici que les mieux caractérisés, et nous renvoyons pour les autres à la troisième partie de ce volume.

Par suite du partage fait par la République avec la veuve Farjouel, ascendante d'émigré, la belle terre de Toulon fut achetée par François-Marie Donjon, son beau-frère. Le domaine de Viégny, à Saint-Palais, provenant de Magnac, fut adjugé à ses sœurs; celui de la Jonchère, à Senat, confisqué à Lapelin, père d'émigré, fut vendu à un de ses fils. Tous les biens de Chévenon-Bigny, autre père d'émigré, à Terjat, Saint-Priest-l'Harpe et la Petite-Marche, passèrent dans les mains de Balthazard Chévenon-Bigny; la locaterie des Petits-Champins, les domaines des Anglais et des Grands-Champins, confisqués à François-Xavier Bodinat, furent aliénés au profit de Louis Bodinat. M^me veuve de Fradel, née du Saulzay, retint la propriété de Billy et de Saint-Félix; la veuve Brossard, les domaines de Fourchaud et de Chambord, à Neuilly-le-Réal; M^me de l'Ecluse, la terre de l'Ecluse. Tous ces biens avaient été confisqués aux fils des adjudicataires. Les enfants mineurs de Cadier de Veauce achetèrent le domaine du Ménage, le bois des Breuillats, la locaterie Maluchet, à Château-sur-Allier, provenant de leur père en état d'émigration. Enfin, les portions de propriétés rurales afférentes à la Nation, par suite du partage fait avec Célestine-Pierre Saint-Cy, femme Duprat, furent acquises par ses deux filles.

### III

Toutes les adjudications de biens nationaux de deuxième origine qui furent effectuées au département par les soins de l'Administration centrale furent un modèle de régularité et ne soulevèrent que de timides protestations de la part des intéressés. Une seule fit exception à cette règle générale, ce fut celle de la terre des Echerolles. Elle comptait six beaux domaines: les Guilleminots, les Combis, les Grands-Mériers, les Chaumes, les Petits et les Grands-Delots, les grande et petite réserves des Echerolles et les locateries des Rues, du Jault et des Petits-Mériers, etc., et elle occupait toute la vaste plaine s'étendant entre Saint-Loup et Bessay.

Afin d'attirer toutes les catégories d'acquéreurs, on divisa cette terre en vingt-cinq lots d'inégale importance. La première séance d'adjudication eut lieu le 11 messidor an VI; la seconde, le 12, et la troisième, le 25 du même mois.

Les ventes partielles atteignirent le chiffre de 3.198.960 francs, payables en papier-monnaie. Ce qui représentait en espèces environ 65.000 fr. Claude Valleret, de Moulins, ayant mis une enchère de 31.000 fr., et personne n'étant allé au delà, il fut déclaré adjudicataire définitif de la terre des Echerolles pour la somme de 3.229.960 francs.

A force d'intrigues, de Tarrade, fondé de

pouvoir de la famille des Echerolles, parvint à faire annuler toutes ces opérations qui, cependant, étaient très régulières. L'Administration centrale fut donc condamnée à procéder à un nouveau lotissement et à ouvrir de nouvelles enchères.

Ce fut le 15 nivôse an VII qu'eut lieu la première séance d'adjudication. J. Paradis et J.-B. Collas achetèrent la réserve des Echerolles et le domaine du Buisson; Andrillard et Maresquier le domaine des Chaumes, et Etienne Deffontis la locaterie Claude. Ce furent les trois seuls lots ayant de la valeur. Quant aux pièces de terre détachées, elles s'élevaient au nombre de neuf et furent acquises par des personnes dont on trouvera les noms à la fin de ce volume.

En récapitulant toutes les sommes, cette première vente avait produit 34.126 fr. 08. La seconde et dernière, qui eut lieu le 23 ventôse an VII, fut plus fructueuse, bien qu'elle comprît moins d'articles. J. Paradis et J.-B. Collas furent proclamés adjudicataires des Guilleminots; Vinatier et Couchard, des Combis; Sébastien Linotte, Vidil et Nicolas Jutier, des Grands-Mériers; Georges Guérillot, des Petits-Delots; Maresquier et Andrillard, des Grands-Delots; Claude et Jean Jacob, de la locaterie des Rues, et Etienne Deffontis, de celle du Jault. Ces sept lots produisirent 44.325 francs qui, ajoutés aux 34.336 fr. 08, donnent un total de 78.661 fr. 08 en argent.

C'était une somme importante pour l'époque,

étant donné surtout l'état d'abandon dans lequel se trouvait la terre des Echerolles à la fin du Directoire exécutif.

## IV

Il y eut peu de rétrocessions à l'amiable de biens nationaux de deuxième origine vendus au département, par la bonne raison que les acquéreurs furent, la plupart du temps, les parents eux-mêmes des émigrés ou des fidéicommissaires. Les uns et les autres se firent adjuger aux enchères les terres et maisons à leur convenance et laissèrent aller aux particuliers ce qui ne gênait pas leurs exploitations. Cependant, il est une de ces ventes qui fit tant de bruit à l'époque que les échos en sont parvenus jusqu'à nos jours. Ce fut celle de la propriété dont nous venons de parler.

La famille Giraud des Echerolles, dont le souvenir est encore si vivant en Bourbonnais à cause des malheurs qu'elle attira sur elle par son esprit chevaleresque poussé jusqu'à la déraison et l'inconscience, se composait, au moment de l'amnistie consulaire, de quatre personnes : du père, maréchal de camp des armées du Roi, en retraite ; de deux fils, Joseph-Charles-Etienne et Jacques-Martial-François, et d'une fille remarquablement intelligente, Etiennette-Marie-Charlotte-Alexandrine, plus connue dans le monde des lettres sous ce dernier prénom seulement.

Quand la vente de la terre des Echerolles fut irrévocablement consommée, ce fut un gros chagrin pour toute cette famille et notamment pour les trois enfants. On leur avait assuré que beaucoup d'émigrés étaient rentrés dans leur patrimoine en implorant la pitié des acquéreurs. Ils accueillirent cette nouvelle avec joie, et, dès qu'ils furent de retour à Moulins, ils essayèrent de s'arranger avec quelques-uns des possesseurs de leurs biens. Presque sans ressources, ils s'adressèrent à leurs sentiments généreux, mais c'était mal connaître le cœur humain que de compter sur sa sensibilité pour obtenir de larges sacrifices d'intérêt. Cependant, le 4 germinal an XI, François Andrillard, marchand de faïence, consentit à céder aux trois enfants Giraud des Echerolles le domaine des Chaumes, situé à La Ferté, au prix de 7.200 fr., alors qu'il lui avait coûté 8.252 fr. quatre années auparavant. Annet Lougnon, officier de santé à Moulins, se montra également généreux à leur égard. Le 12 thermidor an XIII, il vendit à prix coûtant, à l'un des fils Giraud des Echerolles, Jacques-Martial-François, la moitié dans les deux tiers de trois prés indivis avec les propriétaires du domaine des Guichards. François Andrillard et Annet Lougnon n'eurent pas d'imitateurs.

Les enfants Giraud des Echerolles tenaient beaucoup au château, à cause des souvenirs qui s'y rattachaient. Ils se rappelaient, les larmes aux yeux, ces réceptions et ces bals qui s'étaient donnés dans cette magnifique rési-

dence d'été, dont les murailles et les portes
étaient recouvertes de panoplies et de fleurs
de lis. Tout leur était cher dans cette habitation, jusqu'à un méchant clocheton sur
lequel étaient gravées les armoiries de leur
famille. Mais, s'ils tenaient beaucoup au
château des Echerolles, l'acquéreur, qui affec-
tait des airs de compassion à leur égard, y
tenait tout autant, parce que, sans doute, il
voulait être châtelain lui-même. Après s'être
vanté de vouloir le rendre à ses anciens
possesseurs avec un domaine situé aux
alentours, il émit des prétentions tellement
exagérées que les enfants Giraud des Echerolles refusèrent de les accepter. Cet individu
acquit néanmoins la réputation d'une grande
magnanimité, sans courir le risque de se
défaire d'une terre qu'il voulait garder (1).
« L'hypocrisie, dit avec raison La Rochefou-
cauld, est l'hommage que rend le vice à la
vertu ».

Cette rebuffade mécontenta vivement les
fils Giraud des Echerolles et fut très pénible à
Alexandrine, qui était une véritable sensitive.
Lorsque sous Louis-Philippe elle raconta sa
malheureuse existence, dans un style qui a
fait l'admiration des contemporains, son chagrin n'était pas encore dissipé. Elle eut le tort
regrettable d'exhaler sa colère dans cette
publication, en termes trop amers, car de
grands événements économiques s'étaient

______

(1) Voir *Quelques années de ma vie*, par Alexandrine DES
ECHEROLLES. — Moulins, Martial Place, imprimeur, 1843.

accomplis depuis la Révolution à l'avantage des membres de cette famille. Tout d'abord, le Premier Consul avait restitué au père Giraud des Echerolles sa pension de retraite et il avait donné à un de ses fils une place de conducteur d'artillerie ; enfin, la loi du 27 avril 1825 sur l'indemnité attribuée aux émigrés leur avait accordé plus que l'équivalent des pertes qu'ils avaient subies du fait de la confiscation de leurs biens. En effet, la terre des Echerolles avait été vendue 78.661 fr. 08 en numéraire. Les deux maisons de Moulins avaient été aliénées 17.000 livres payables en assignats, qui, d'après l'échelle de dépréciation du papier-monnaie établie par l'Administration centrale, le 8 thermidor an V, représentaient 5.801 francs en espèces. En additionnant ces deux sommes, on obtient un total de 84.462 fr. 08. Or, en vertu de la loi du 27 avril 1825, la famille Giraud des Echerolles toucha une indemnité de 128.421 fr. 41 sans retenue, soit 43.959 fr. 33 de plus qu'elle avait perdu. Dès ce moment, son devoir était de jeter un voile sur le passé, car si un acquéreur était resté sourd à ses supplications, la Nation, par contre, s'était montrée vraiment magnanime envers elle.

Les restitutions les plus sérieuses de biens de deuxième origine s'effectuèrent par les soins de l'Administration préfectorale. Afin de permettre aux émigrés de rentrer dans leur patrimoine, le gouvernement du Premier Consul proclama la déchéance de nombre d'acquéreurs en retard dans leurs paiements.

Au lieu de leur accorder des délais, il préféra les déposséder brutalement au profit de rebelles qui rentraient en France la haine dans le cœur contre les institutions nouvelles.

Le 6 septembre 1799, M^me de Bonand recouvra, en vertu d'un ordre ministériel et sans bourse délier, le domaine de la Pommeraye, le taillis Gâteau et la carrière de Coulandon, par suite de la déchéance de l'acquéreur Descombes. Le 13 germinal an IX, Etiennette-Marie des Ulmes de Torcy racheta à la folle enchère le domaine de Montigny, à Garnat, au prix de 2.600 fr., et celui de Pénier, à Beaulon, moyennant un franc de droits d'enregistrement. C'était un joli cadeau !

Le 29 frimaire an X, le préfet de l'Allier vendit à la folle enchère, à Jean-Claude Picard du Chambon, propriétaire à Coulanges, le domaine des Larmiers, situé commune de Saligny, moyennant la somme de 8.878 fr. 48, montant de la première mise à prix; celui du Chambon, à Pierrefitte, pour 12.016 fr. 26, et le domaine des Barons, même localité, à Gaspard - Michel Picard du Chambon, également propriétaire à Coulanges, pour 7.858 fr. 34. Toutes ces propriétés avaient été adjugées, le 8 germinal an VI, à Toussaint Betin, l'un des plus grands acquéreurs de biens nationaux du département de l'Allier.

La propriété revêt deux aspects opposés : elle est collective ou bien elle est individuelle. A la fin de l'ancien régime, la propriété collective appartenait au clergé, la propriété privée à la noblesse et aux privilégiés du Tiers-État. Celui qui cultivait la terre, le paysan, n'en avait guère que les charges. La propriété collective était immuable, presque intangible ; la propriété privée était incommutable. En expropriant les communautés religieuses, la Révolution détruisit l'immuabilité ; en confisquant les biens des émigrés, elle abolit l'incommutabilité et rendit la terre mobilisable. Elle la morcela et en jeta les fragments dans les mains des soumissionnaires.

C'est alors que commença la période de lutte entre les nouveaux et les anciens propriétaires. Acharnée jusqu'au Consulat, elle s'apaisa sous le Premier Empire pour reprendre avec vivacité sous la Restauration. La loi du 27 avril 1825 mit un terme à cette guerre intestine en accordant un milliard aux émigrés pour les indemniser des pertes qu'ils avaient subies.

Pendant ces trente années d'incertitude et d'angoisses, il se produisit un certain tassement dans les fortunes. Ceux qui avaient acheté des fonds de terre en commun les partagèrent entre eux ; ceux qui les avaient acquis sans trop connaître leur étendue, leur valeur et leur situation les échangèrent pour des raisons de convenance ; ceux enfin qui avaient misé aux enchères sans discernement durent revendre une partie de leurs acquisitions à l'amiable, afin de se libérer des charges qu'ils s'étaient assumées.

Ces sortes de transactions furent très actives au commencement du siècle dernier. Une étude spéciale serait nécessaire pour faire connaître le chiffre et l'importance des contre-échanges et des reventes de biens nationaux, car elle serait aussi intéressante que celles des ventes elles-mêmes pour les familles contemporaines de l'Allier.

A la fin de l'ancien régime, la situation agricole du Bourbonnais n'était guère brillante. Si l'on en croit un touriste anglais, Arthur Young, la plupart des terres étaient en friche. C'était peut-être exagéré. Il est certain, cependant, qu'il y avait beaucoup à faire dans plusieurs régions pour obtenir des terres arables un rendement satisfaisant, parce que domaines et locateries étaient trop étendus pour être bien cultivés et fumés convenablement.

En divisant et subdivisant la propriété foncière, la Révolution mit au service de l'agriculture des forces utiles qui, jusqu'ici, étaient restées inutilisées ou imparfaitement employées. La classe improductive diminua et la classe productive augmenta avec les acquéreurs sérieux de biens nationaux. A l'aide de ses propres bras, et grâce aux capitaux qu'on lui fournit, le paysan fit opérer à la terre une transformation complète. Il défricha les brandes et les champs de genêts, supprima bon nombre d'étangs qui étaient autant de foyers pestilentiels, assainit les marécages, multiplia les assolements, diminua le nombre des jachères, laboura les plaines incultes pour les ensemencer en céréales, établir des prairies et créer des vergers. Ses fils, ses petits-fils et ses arrière-petits-fils ont continué patiemment son œuvre; et grâce au labeur incessant de tous ces vigoureux pionniers, le département de l'Allier est devenu l'un des plus fertiles de France. Cette lutte pacifique contre les éléments et les injustices de la nature n'a pas détourné le paysan des nobles pensées. Aux heures de repos, son esprit se reporte encore vers cette époque dramatique où la France se trouva aux prises avec l'Europe, et il envisage sans effroi le moment, — prochain peut-être, — où la patrie aura besoin de nouveau de ses bras pour assurer sa défense et triompher de ses agresseurs.

# DEUXIÈME PARTIE

# VENTE, AU DÉPARTEMENT,

## Des Biens Nationaux Immobiliers

### DE PREMIÈRE ORIGINE

---

#### *17 prairial an IV*

L'église et le presbytère d'Avermes, adj. 3.834 fr.
à Antoine Laporte, administrateur municipal du
canton de Moulins.

#### *21 prairial an IV*

Le presbytère de Sainte-Croix, de Gannat, adj.
6.300 fr. à Bertrand Combey, marchand drapier
à Gannat.

#### *23 prairial an IV*

Le presbytère de Vesse, ainsi que l'église de
cette commune, adj. 1.989 fr. à François Givois,
propriétaire, défenseur officieux, demeurant à Moulins; le presbytère de Mercy, 7.280 fr., à la citoyenne
Crétin, veuve Bourgeois, aubergiste à Moulins; celui
de Saint-Gérand-de-Vaux, 5.904 fr., à Etienne
Merier, propriétaire.

#### *26 prairial an IV*

Le presbytère de Saint-Priest-d'Andelot, adj.
3.996 fr. à Bertrand Combey, marchand drapier
à Gannat; un bâtiment provenant de la commune
de Gannat, 612 fr., à Claude Charguereaud ; le

presbytère de Monétay-sur-Loire, 3.780 fr., à Jean-Claude Reigneaud, secrétaire en chef de l'Administration centrale du département ; celui de Saint-Voir, 2.340 fr., à Etienne Merier, de Saint-Gérand-de-Vaux ; celui d'Aurouer, 5.160 fr., à Louis Taizy, pour André Dagonin, négociant à Moulins ; le bâtiment du Manège, sis à Moulins (patrimoine communal), 7.376 fr. 50, à Jacques et Charles Taillandier.

### 27 prairial an IV

Le ci-devant collège de Gannat, adj. 3.780 fr., à Mathieu Vallery, aubergiste à Gannat ; le presbytère d'Ussel, 1.305 fr., à Barthélemy Verd, président de l'Administration centrale du département de l'Allier ; le presbytère de Saint-Etienne, à Gannat, 4.950 fr., à Gilbert Ronchaud, officier de santé ; l'église de Bardon, 4.500 fr., à Gérôme Flipon et Jean Bussière ; le bâtiment appelé Grenette, 810 fr., à Pierre Bohat.

### 28 prairial an IV

Un bâtiment appelé l'Orangerie, provenant de la commune de Moulins, adj. 4.680 fr. à Joseph Tallard.

### 30 prairial an IV

Une maison et un petit jardin, dans les jardins bas du château, à Moulins, adj. 648 fr. à Louis Michel fils ; la maison et le champ de la Glacière, à Moulins, prov. de la commune, 1.890 fr., à François Ferrand.

### 2 messidor an IV

Le presbytère de Monestier, adj. 2.880 fr. à Léonard Blanzat, de Monestier ; celui de Chirat, 1.446 fr., au même ; la chapelle de Saint-Abdon, à Escurolles, 180 fr., à Louis-François Cavy, d'Escurolles; le presbytère de Saint-Pont, 3.780 fr., à Pierre Bohat, administrateur du département de l'Allier; celui de Broût, ainsi que l'église, 5.366 fr., à Louis-François Cavy; celui de Montfand, 1.338 fr., à Paul-Antoine Vidil, huissier à Moulins; celui de Branssat, 1.930 fr., à Pourçain de Guise, de Branssat; celui de Monteignet, 2.508 fr., à Louis-François Cavy le jeune; deux prés sis à Saint-Pont et appelés les Garçons (bien communal), 748 fr., à Louis-François Cavy le jeune; le presbytère de Souvigny-le-Thion, 2.110 fr., à François Ferrand, employé dans les bureaux de l'Administration du département; celui de Besson, 2.364 fr., à Jean Patissier; celui de Saint-Bonnet-de-Four, 2.610 fr., à Gilbert Thomas; une maison sise à Montluçon, provenant des Cordeliers, 5.040 fr., à Georges-Antoine Chabot, commissaire du pouvoir exécutif près le tribunal correctionnel de l'arrondissement de Montluçon; la cure de Saint-Allyre, 1.350 fr., à Mussier, chef des bureaux des domaines nationaux du département de l'Allier; le presbytère de Montaigu-le-Blin, 4.620 fr., à Sébastien Delaire, administrateur du département, pour Michel Virotte père; celui de Ciernat, 2.340 fr., au même, pour le même; celui de Saint-Christophe, 1.800 fr., à Anne Caillot, représentée par François Givois; celui de Boucé, 2.520 fr., à Barthomeuf; celui du Brethon, 2.340 fr., à Jacques Baudet; celui de Cosne, 2.424 fr., à Silvain Tixier; celui de Venas, 1.440 fr., à Gilbert Guillaumin; celui de Vallon, 1.800 fr., à Jean Jarouflet; celui de Couleuvre, 3.150 fr., à Serre; une petite maison à Moulins, rue Manchet (patrimoine communal), 990 fr., à Arloing; une maison et terre dite Jardin-Bas, id., 7.436 fr., au même; un bois appelé la forêt des Landes, à Besson, prov. de la Couronne, 20.790 fr., à Jean Dupieux dit Nanet; le jardin de la gendarmerie de Moulins, dans les fossés du château, prov. de la commune, 792 fr., à Louis Richet fils.

### 3 messidor an IV

Le presbytère de Bayet, avec 4 boisselées de terre, adj. 4.380 fr. à Claude Determes fils, de Bayet; l'église de Diou, 504 fr., à Jean Bernachez l'aîné; le presbytère de Chapeau, 3.540 fr., à Claude Saulnier, propriétaire et fermier à Chapeau.

### 4 messidor an IV

Le presbytère de Molinet, adj. 3.460 fr. à Agnant Anri et Michel Michel; celui de Coulanges, ainsi que l'église, 5.304 fr., aux mêmes; celui de Cindré, 3.800 fr., à Claude Le Brun; celui de Saint-Léon, 2.460 fr., à Joseph Beauchamp, commissaire du directoire exécutif près les tribunaux civils et criminels du département de l'Allier; celui de Varennes-sur-Tèche, 2.879 fr. 5 déc., à Pierre-Jacques Merle, administrateur municipal du canton de Moulins; celui du Vilhain, 2.000 fr., à Jean-Alexis Duchier, receveur de l'enregistrement et du domaine national à Cérilly; un jardin dans les fossés du château de Moulins, 594 fr., à Claude Deshommes et Louis Richet; emplacement de partie de l'ancien château de Moulins, 626 fr., à Etienne-Gilbert Campanel.

### 6 messidor an IV

Le presbytère de Saulcet, adj. 3.084 fr. à François Mouraud et Jean Bauchand; celui de Jenzat, 1.368 fr., à Pimpard, aubergiste à Moulins; celui de Saint-Sornin, 2.880 fr., à Claude Boirot, pour Guillaume Tourret; celui de Neufglise, 5.040 fr., à Frédéric-Jean Massieux, pour la citoyenne Ober-kampf, de Jouy (Seine-et-Oise); celui de Trévol, 3.753 fr., à Jean Boutry, fermier à Avrilly; celui

de Deneuille, 1.818 fr., à Jean Petitjean; celui de
Vouroux, 5.480 fr., à Jean Baquet; celui de
Chassenard, 7.160 fr., à Jean Bernachez; celui du
Pin, 3.012 fr., à Jean Vernoy; celui de Saint-Léger-
des-Bruyères, 1.960 fr., à François Meilheurat-
Vaubresson; celui de Preuille, 1.754 fr., à Gilbert
Vignaud; celui de Nassigny, 2.335 fr., à Louis-
Antoine Mosnier-Chapelle; un terrain de 100 toises
appartenant à la commune, joignant la caserne de
gendarmerie de Moulins, 264 fr., à Croizier la Poire.

### 9 messidor an IV

Un petit pré à faire 2 milliers de foin, dépendant
du presbytère d'Echassières, adj. 550 fr. à Mosnier-
Chapelle; l'église d'Etroussat, 1.008 fr., à Barthé-
lemy Verd, président de l'Administration centrale
du département de l'Allier; l'église d'Ebreuil,
servant de marché au blé, 2.016 fr., à Benoît
Lamiral, horloger à Moulins; le presbytère de
Saint-Victor, 1.886 fr., à J.-François Guillomet, de
Passat; un bâtiment provenant du presbytère de
Luneau, 980 fr., à François Desmolles; une glacière,
sise au Champbonnet, à Moulins, 306 fr., à Antoine
Laporte.

### 10 messidor an IV

Le presbytère de Chemilly, adj. 4.918 l. à François
Taillandier le jeune; le presbytère de La Celle-sous-
Montaigut, 2.140 fr., à Pierre Cornereau, médecin
à Montluçon; celui de Tortezais, 1.880 fr., à Joseph
Daubertès, de Montmarault.

### 11 messidor an IV

Le presbytère et l'église de Deneuille, adj. 5.274 fr.
à Jean-Baptiste Desenne, de Deneuille; celui de
Chezelle, 5.940 fr., à François-Alexis Raynaud.

### *12 messidor an IV*

Le presbytère de Contansouze, adj. 1.340 fr. à Bravy-Dumas, de Bellenaves; celui de Saint-Germain-de-Salles, 1.700 fr., à Gilbert Paturet, de Charroux; un petit jardin provenant des ci-devant prêtres communalistes de Saint-Georges, situé à Saint-Pourçain, 275 fr., à Mosnier-Chapelle; une pièce de terre provenant de la commanderie du Temple, 101 fr. 7 déc., au même; le chœur et le sanctuaire de l'église Saint-Georges, de Saint-Pourçain; les deux collatéraux et la chapelle de l' « Ecce-homo », 3.426 fr., au même; le presbytère de Souitte, avec l'église, 4.320 fr., à Marc Royer, aubergiste à Saint-Pourçain; celui de Louchy, avec un petit pré, 2.438 fr., à Jacques Allins fils; une chapelle au Mayet-d'Ecole, dépendant de l'ordre de Malte, 1.029 fr. 10 cent., à Pierre Bohat, membre de l'Administration centrale du département, et Pierre Bohat, son frère, marchand, demeurant à Gannat; l'église Notre-Dame, de Gannat, 9.450 fr., à Louis Paturet; une grange communale, sise à Gannat, 1.080 fr., à Louis-Charles Juge, pour Pierre Baudet, notaire; le presbytère de Saint-Nicolas, de Moulins, 8.100 fr., à Claude et Antoine Micaud; un bâtiment des Augustins, de Moulins, 1.600 fr. 5 déc., à Chabre ; le presbytère de Comps, 2.944 fr., à Gilbert Thonier, de Cosne; celui de Saint-Germain-d'Entrevaux, 4.922 fr., à Claude Arnaud, de Châtel-de-Neuvre; l'église et la sacristie de Saint-Germain-d'Entrevaux, 900 fr., à Etienne Mérier, entrepreneur; le presbytère de Tronget, 1.260 fr., à Gilbert Thonier; celui de Contigny, 5.850 fr., à Mosnier-Chapelle; celui de Saligny, 4.440 fr., à Jean-Claude Reigneaud, secrétaire en chef de l'Administration centrale ; celui de Buxière-la-Grue, 2.160 fr., à Pierre Lorigeon ; celui de Diou, 3.960 fr., à Fallaix, de Sept-Fons; celui de Saint-Bonnet, 4.560 fr., à Annet Lougnon, officier de santé à Moulins; le domaine

de Moladier, situé à Besson, prov. de la communauté
des Minimes de Moulins, 16.446 l. 3 sols 9 deniers,
à Pierre Forissier, de Moulins ; le presbytère
d'Autry-Issards, 3.150 fr., à Jacques Cartier fils;
le bois de la Garenne-de-Lépaud, prov. de l'abbaye
de Saint-Menoux, 9.680 fr., à Joseph Franque; le
presbytère de Noyant, 10.164 fr., à Claude Fallier;
celui de Cusset, 2.700 fr., à Louis Ragon; celui de
Vieure, 2.520 fr., à Gilbert Thonier, de Vieure;
l'église de Buxière-la-Grue, 1.080 fr., à Claude
Fallier.

### 13 messidor an IV

Le presbytère de Châtel-Montagne, adj. 2.292 fr.
à Guillaume Tardy.

### 15 messidor an IV

Le presbytère de Tizon, adj. 1.710 fr. à Cordez,
négociant à Moulins; celui de Cintrat, 2.160 fr., à
Joseph Gobert, de Martilly; le presbytère et l'église
du Vernet, 3.324 fr., à Jean-Baptiste Royer; le
presbytère de Paray, 2.220 fr., à Joseph Hastier-
Dumoussay, de Saint-Pourçain; une grange dépendant des Lazaristes de Paris, sise à Saint-Pourçain,
5.220 fr., à Jean Petitjean-Logère, du Montet ;
l'église de Martilly, 990 fr., à Claude Garreau et au
nom de Jacques Grangier, de Saint-Pourçain; le
presbytère de Martilly, 5.130 fr., au même, agissant
au nom de Jean de Louan-Persat; celui de Cesset,
4.050 fr., à François Challier l'aîné ; celui de
Saint-Pourçain, 4.050 fr., à Marc Royer; une grange
et un cuvage dépendant des Bénédictins de Saint-
Pourçain, 2.160 fr., à Nicolas Turlin; une maison
provenant des Jacobins de Moulins, 720 fr., à
Antoine Laporte; le presbytère du Theil, 5.840 fr.,
à Antoine Pin, de Meillard; celui de Rocles, 3.600 fr.,
à Guillaume Tourret; l'église de La Ferté-Hauterive,

1.572 fr., à André Démurs, de Saint-Gérand-de-Vaux ; celle de Bressolles, 5.000 fr., à Jacques Taillandier, de Moulins; le presbytère de Neuvy, 2.700 fr., à Ligné fils, aubergiste à Moulins; celui de Vaucoulmin, 1.114 fr., à Jacques Chomet, de Moulins; celui de Marigny, 4.490 fr., à Jacques Martinet dit Boudot; l'église et le cimetière de Soupaize, 1.730 fr., à Georges Michel, de Moulins; le presbytère d'Agonges, 4.982 fr., à Guillaume-Elie Desfosses; celui de Gipcy, 2.420 fr., à Jean-Claude Reigneaud, de Moulins; celui de Blomard, 2.412 fr., à Jean Brunat; un terrain dans les fossés de la ville de Montluçon, 990 fr., à Jean Taillandier; le presbytère de Périgny, 2.250 fr., à Jean Moulin; celui de Billy, 5.200 fr., à Nicolas Reignier, des Epigeards; celui de Neuville, 1.512 fr., à Gilbert Colinet ; celui de Mésangy, 1.890 fr., à Claude Chassery; celui de Pouzy, au même, pour 2.160 fr.; celui de Couzon, 3.240 fr., à Joseph Palot; une maison connue sous le nom de Montauban et vulgairement appelée le Jardin-Mestraud, au cours de Bercy, à Moulins, 2.700 fr., à Jean-André Arligaud; un terrain du ci-devant château, appelé le Vieux-Palais, 7.740 fr., à Jacques Dupré, serrurier à Moulins.

### *18 messidor an IV*

Un bois taillis appelé Taillefert, situé à Ebreuil, dépendant de l'abbaye, adj. 6.330 fr. 5 déc. à Simon Emelin, de la Lizolle ; le presbytère de Vicq, 1.644 fr., à Jean-Baptiste Secretain, de Bellenaves; une maison à Ebreuil, provenant de la vicairie, 360 fr., à Simon Emelin; le presbytère de Saint-Marcel, 4.320 fr., à François Camus l'aîné; celui de Sazeret, 2.062 fr., à Alexandre Malley, demeurant aux Prugnes, commune de Sazeret; un bâtiment servant d'écurie à la gendarmerie de Montluçon, 1.188 fr., à Bravy-Gilbert Jaladon, pour Georges-Antoine Chabot, de Montluçon.

### *19 messidor an IV*

Le presbytère de Pollier, adj. 1.690 fr., à Charles Thévenet, notaire à Montluçon; celui de Sauvagny, 1.520 fr., à Jean Colinet.

### *21 messidor an IV*

Une terre d'une quartelée, dépendant de la cure de Bellenaves, adj. 110 fr., à Jean-Baptiste Secretain; le presbytère de Vendat, avec une vigne y attenant, 1.165 fr., à Pierre Delesvaux; celui de Monétay-sur-Allier, 5.884 fr., à François Clayeux; celui de Saint-Angel, 2.320 fr., à Claude Raynaud; celui de Chamblet, 1.908 fr., à Gabriel-Gilbert Faugeret; le jardin de la cure d'Arfeuilles, 396 fr., à Claude David et Durantet; le presbytère de Nizerolles, 1.620 fr., à Pierre Gaultier; celui d'Isserpent, 1.260 fr., à Pierre Berthelot; le cimetière de Souvigny-le-Thion, 132 fr., à François Ferrand.

### *22 messidor an IV*

Le presbytère de Chareil, adj. 1.710 fr. à Jean Cassagne, notaire à Chantelle; celui de Saint-Loup, 3.790 fr., à Jean-Marie-Gilbert Butin, greffier du juge de paix du canton de Bessay; celui de Saint-Pierre, de Moulins, sis rue de la Corroyerie, 1.980 fr., à Antoine Serdier.

### *23 messidor an IV*

Le presbytère de Creuzier-le-Vieux, adj. 4.040 fr. à Gilbert Delesvaux; l'étang Bataille, sis à Chavroches, provenant des Carmélites de Paris, 3.960 fr., à Claude Bourdier, juge de paix du canton de Jaligny.

*27 messidor an IV*

Le presbytère de Villaine, adj. 2.250 fr. à Antoine Delaire, du Lonzat; celui de Mazerier, 3.600 fr., à Chargueraud; celui de Saint-Pourçain-sur-Besbre, 2.520 fr., à Jean-Baptiste Reignier, dè Moulins; celui de Coulandon, 3.350 fr., à Claude-Joseph Hennequin, de Moulins; celui d'Hyds, 1.972 fr., à Alexandre Hennequin, de Montmarault; un jardin et bâtiment sis à Montluçon, provenant de la commune, 594 fr., à Pierre Cornereau, officier de santé ; une maison provenant des Ursulines de Montluçon, 2.700 fr., à Besson, garde-magasin à Montluçon; un bâtiment servant de corps de garde et maison d'arrêt à Saint-Gérand-le-Puy, 1.494 fr., à Jean Moulin ; le presbytère de Saint-Félix, 2.046 fr., à Antoine Marcé; celui de Saint-Etienne-du-Bas, 1.600 fr., à Antoine Delaire; celui de Langy, 2.064 fr., à Jean Mandon ; la moitié d'un pré dépendant de la cure de Saint-Gérand-le-Puy, 594 fr., à Jean Mandon, instituteur primaire; le presbytère de Rongères, 4.710 fr., à Paul Pouillien; celui d'Abrest, 2.314 fr., à Antoine Ramin le jeune; un terrain sis à Moulins, provenant du vieux château, 550 fr., à Louis Croizier; un jardin du vieux château, 216 fr., à Annet Lougnon, officier de santé; un bâtiment à 3 étages, formant une tour carrée en ruines, joignant les murs de la prison, 1.080 fr., à Etienne Merier, entrepreneur; un terrain sur l'emplacement de l'ancien château de Moulins, 770 fr., à Louis Richet; une tour en ruines formant l'entrée de la première cour du vieux château de Moulins, 4.500 fr., à Claude Micaud ; une écurie située faubourg Saint-Pierre, à Montluçon, 810 fr., à Pierre Cornereau; l'église de Saint-Léon, 900 fr., à Joseph Beauchamp.

*28 messidor an IV*

Le presbytère de Saint-Bonnet, de Bellenaves, adj. 2.244 fr. à Charles Josephi, pour le citoyen Bravy-Dumas, de Bellenaves; quatre pièces de terre, à Moulins, prov. de la commune, 19.668 fr., à Joseph Franque, Guérillault et Martin.

*29 messidor an IV*

Le presbytère d'Etroussat, adj. 4.808 fr. à Antoine Jutier, de Taxat; celui de Cognat, 1.880 fr., à Frédéric Vagner, de Gannat; une terre de 4 boisselées, dépendant du presbytère de Verneuil, 132 fr., à Jean-Baptiste Renaudet; la terre de la Pelotte, sise à la Magdeleine, et provenant du collège de Moulins, 2.574 fr., à Jacques Chomet; le presbytère de Chatillon, 5.164 fr., à Pierre Bidaud, de la Pierre-Percée; celui de Meillard, 3.900 fr., à François Clayeux, de Châtel-de-Neuvre; l'église de Saint-Bonnet, d'Yzeure, 4.500 fr., à Jean-Baptiste Bichon le jeune; le presbytère de Toulon, 3.600 fr., à Jandard, de Moulins; celui de Murat, 1.860 fr., à Gabriel Guilhaumin et Gabriel Barathon; celui de la commune de Seuillet, 3.660 fr., à Pellé-Pesselière, du Donjon; celui de Nocq, 1.778 fr., à Gilbert Claustrier; celui de Limoise, 1.603 fr., à Pierre Saulnier, du Réray; celui de Saint-Aubin, 2.820 fr., à Madet fils.

*30 messidor an IV*

Le presbytère de Mazirat et dépendances, adj. 2.928 fr., à Augustin Roudier.

*1ᵉʳ thermidor an IV*

Le presbytère de Louroux-Hodement, adj. 1.840 fr. à Michel Grangier.

### 2 thermidor an IV

Les moulins des Pierres, commune de Chantelle, dépendant du collège de Moulins, adj. 9.039 fr. à Antoine Morio; le presbytère de Jonzais, 1.170 fr., à Gilbert Bodard; celui d'Andes, 2.970 fr., à Jean-Gabriel Dessert, pour Claudine Mornat; celui de Sorbier, 1.800 fr., à Joseph Crouzier; un petit pré dépendant de la cure d'Estivareilles, 792 fr., à Agnan Touzet; une pièce de terre labourable d'un arpent, sise à Souvigny, dite la Croix-de-Saint-Marc, prov. de la commune, 1.408 fr., à François-Louis-Charles Crosse, pour François-Jean-Baptiste d'Alphonse, représentant du peuple, membre du Conseil des Anciens.

### 3 thermidor an IV

Le presbytère de Sussat, adj. 1.300 fr. à Antoine Boirot, de Veauce; celui de Loriges, 1.470 fr., à Gilbert Raynaud, de Saint-Pourçain ; celui de Saint-Pierre, de Montluçon, 3.510 fr., à Pierre Cornereau, officier de santé ; celui de Thionne, 2.858 fr., à Joseph Turraud ; la sacristie des Capucins de Montluçon, 468 fr., à Pierre Cornereau.

### 4 thermidor an IV

Le presbytère de Nades, adj. 670 fr. à Antoine Delarue, de Nades; celui de Fourilles, ainsi que l'église, 3.460 fr., à Joseph Munin, de Chantelle; le presbytère de Bressolles, 3.264 fr., à Martin et Gilbert Tortel, acquéreurs par indivis ; celui de Saint-Priest, 2.880 fr., à Gilbert Seguin, de Doyet; celui de Saint-Clément, 1.316 fr., à Jacques Reignier; celui de Saint-Nicolas-des-Biefs, 1.050 fr., à Jean

Pignaud ; celui de Créchy, 5.664 fr., à Delaire, du Lonzat ; celui de Chavroches, 3.240 fr., à Bernard Dubouchat ; celui de Saint-Bonnet-le-Désert, 1.701 fr., à Jacques Vindrinet ; celui de Montvicq, 2.114 fr., à Gilbert Seguin.

### 5 thermidor an IV

Le presbytère de Montbeugny, adj. 2.202 fr. à Gilbert Mizon, de Moulins ; la cure et l'église de La Fay, 2.448 fr., à Claude Dupieux ; le presbytère de la Prugne, 1.660 fr., à Derangeon et Magniaud ; celui de Terjat, 2.844 fr., à Augustin Mage.

### 6 thermidor an IV

Le bois de Saint-Georges, sis à Paray-le-Frésil, provenant de la commune, adj. 4.202 fr. à Delan, médecin à Moulins ; le presbytère de Saint-Martin-des-Lais, 2.166 fr., à Antoine Michelot, de Moulins, au nom de Jean Grouillier ; celui de Beaulon, 6.300 fr., au même, pour le même ; celui de Vaumas, 3.864 fr., à Tantôt ; celui de Bresnay, 3.420 fr., à Gilbert Fratissier ; deux pièces de terre provenant du presbytère de Bresnay, 660 fr., à Perrotin, de Moulins ; celui de Meillers, 1.980 fr., à Pierre Bidaud, de Noyant ; la chapelle de Saint-Fiacre et un petit domaine, situé dans la forêt de Grosbois, 5.795 fr. 4 s. 8 d., à Claude Charpentier, de Gipcy ; le presbytère de Chappes, 3.910 fr., à Jean Thévenin ; celui d'Arronnes, 1.560 fr., à Nicolas Mure ; celui de Ferrières, 1.026 fr., au même ; un pré au Donjon, dépendant des Cordeliers, 1.430 fr., à Jacques Baudinot ; le presbytère du Donjon, 6.470 fr., au même ; celui de Theneuille, 2.700 fr., à Balthazard Batissier, de Treignat ; celui de Chazemais, 3.660 fr., à Villatte ; une chapelle en ruines appelée Fublène, à Neure, 180 fr., à Pierre Saulnier, du Réray; le presbytère du Breuil, 3.110 fr., à Gilbert Desbordes, de Saint-Menoux; un terrain au cours de Bercy, prov. de la commune de Moulins, 1.584 fr., à Jean Martin; quatre pièces de terre dites Champ-Colombeau, faubourg de la Madeleine, id., 2.222 fr., à Charles Salomon, géomètre à Moulins.

### 7 thermidor an IV

L'église de Vicq, adj. 784 fr. à Pierre-Claude Papon, de Vicq; le presbytère du Lonzat, 984 fr., à Antoine Chopin, officier de santé, demeurant à Paray; celui de La Féline, 4.160 fr., à Charles Gaulmin, de La Féline; celui de Garnat, 2.016 fr., à Gilbert Torterat, de Moulins; un petit pré dépendant du presbytère de Chevagnes, 660 fr., à Claude François, de la Fosse; l'église de Lucenat-en-Vallée, 1.010 fr. 2 s., à Jean-Baptiste Dupuy fils; le presbytère de Prémilhat, 2.024 fr., à Jean Pasquier; celui de Saint-Etienne-de-Vicq, 3.084 fr., à Louis Taisy; celui de Bost, 2.532 fr., à Gilbert Pénin; celui de Saint-Plaisir, 3.250 fr., à Pierre Riboutet; une pièce de terre appelée la Parodelle, à Moulins, prov. de la commune, 264 fr., à Guérillaud.

### 9 thermidor an IV

Le presbytère de Paray-le-Frésil, adj. 2.960 fr. à Jean Godillon, de Beaulon; celui de Saint-Léopardin, 1.350 fr., à Gilbert Grand; le pré Moreau, à Couleuvre, 264 fr., à Serre, notaire; un pré à faire 2 milliers de foin, sis à Echassières, prov. du presbytère, 550 fr., à Mosnier-Chapelle; une grange et un paquier, dép. de la cure de Luneau, 980 fr., à François Desmolles.

### 11 thermidor an IV

Le presbytère d'Hauterive, adj. 2.510 fr. à Pierre Randoing ; celui de Bagneux, 1.620 fr., à Jean Fallier, de Souvigny; celui de Molles, 1.480 fr., à Amable-François Billaud; celui de Mariol, 1.270 fr., au même; celui de La Chapelle, 1.080 fr., au même; un terrain de 320 toises, à Moulins, faisant partie du château, 1.188 fr., à Brunet-Latour, pour la citoyenne Lenoir, veuve La Féronnay.

### 12 thermidor an IV

Le presbytère de Senat, adj. 2.880 fr., à Joseph Gobert, de Martilly; celui de Charmeil, 1.080 fr., à Louis Lafaye ; celui d'Espinasse, 1.260 fr., à Becquemy, expert géomètre, à Espinasse ; celui de Serbannes, 1.524 fr., à Pierre Delesvaux, pour Pierre Purelle; celui de Saint-Bonnet-de-Rochefort, 1.070 fr., à Jean Luquet; une locaterie dépendant de la cure de Contigny, 1.670 fr., à Gilbert Rainaud fils ; le presbytère de La Chapelle-aux-Chasses, 2.478 fr., à Benoit Louvrier; celui de Saint-Pourçain-Malchère, 1.980 fr., à Jean Gonin; celui de Lusigny, 1.620 fr., à Aujouannet-Roux, de Moulins; celui de Chézy, 6.000 fr. 6 s., à Philibert Bouillet; un pré à Montmarault, dépendant du presbytère, 396 fr., à Aujouannet l'aîné, pour Georges-Antoine Boucaumont, notaire; l'église de Jonzais, 810 fr., à Gilbert Bodard, de Villefranche; le presbytère de Magnet, 3.096 fr., à Etienne Moulin père; celui de Sanssat, 1.820 fr., à Pierre Galien; celui de Droiturier, 2.340 fr., à Jean-Gabriel Dessert; celui de Villebret, 1.470 fr., à Augustin Mage; un jardin avec la cure de Reugny, 1.990 fr., à Antoine Chomet; le presbytère et l'église de Vitray, 1.980 fr., à Jean-Pierre Thévenard ; un terrain planté de mûriers, au cours de Bercy, prov. de la commune de Moulins, 132 fr., à Jean Martin; le presbytère de Chavenon, 1.834 fr., à Pierre Delaire; celui de Percenat et ses dépendances, 1.900 fr., à Joseph Gobert.

### 14 thermidor an IV

Le domaine des Pères, provenant des Génovéfains de Chantelle, adj. 18.480 fr. à Pierre Raynaud, de Chareil; le presbytère de Brugheas, 3.790 fr., à Pierre Delesvaux, pour Jean-Baptiste Dérangeon; la cure et l'église de Montilly, 5.292 fr., à Cordez, négociant à Moulins ; le presbytère de Verneix, 2.180 fr., à Jacques Deschamps, de Verneix; un terrain et constructions du ci-devant château de Moulins, 810 fr., à Joseph Espérance; une pièce de terre de 6 boiss., à Moulins, prov. de la commune, 528 fr., à Pierre Charbonnier; une terre dite Champ-Colombeau, id., 1.584 fr., au même.

### 16 thermidor an IV

Le presbytère de Vozelle, ainsi que l'église, adj. 2.286 fr., à Charles Laronde, d'Escurolles; celui de Charmes, 1.440 fr., à Étienne Hervier; une terre communale située à Gannat, 440 fr., à Pierre Bohat; le presbytère de Gennetines, 5.502 fr., à Pinturel, juge de paix à Moulins ; l'église Saint-Marc, de Souvigny, 3.600 fr., à Tortel fils, de Moulins; le presbytère d'Arpheuilles, 1.120 fr., à Mourinet, de Durdat ; le champ de la Grande-Croix, sis au Vilhain, prov. de la fabrique, 99 fr., à Roulhier; le presbytère de Saint-Benin, 1.936 fr., à Jacques Vindrinet; celui de Braise, 1.498 fr., au même; celui d'Audes, 2.460 fr., à Jacques Cartier.

### 18 thermidor an IV

Le presbytère de Salles, adj. 1.824 fr. à Joseph Tallard, pour Jean Leblanc, de Salles; l'église de

Salles, 645 fr., au même et pour le même ; la chapelle Magdeleine, ci-devant Sainte-Catherine, sise à Souvigny, 396 fr., à Jean Grandmont, de Moulins ; 8 coupées de terre sises à Désertines, dépendant du presbytère, 264 fr., à Philippe André ; une maison, à Montluçon, prov. du chapitre de Saint-Nicolas, 1.620 fr., à Gabriel Chapelard ; le presbytère de Varennes, 3.460 fr., à Jacques-François Baquet ; celui de Loddes, 2.890 fr., à Joseph Buisson ; celui de Neuilly-en-Donjon, 1.440 fr., à Regnault, pour François Papon, notaire au Donjon ; celui de Creuzier-le-Neuf, 2.688 fr., à Jean-Baptiste Tremblay et Guillaume Hervier ; celui de Bardais, 2.000 fr., à Jacques Vindrinet ; celui d'Isle, 1.808 fr., à Louis Richet, de Moulins ; 9 journaux de vigne, à Bizeneuille, dépendant du presbytère, 704 fr., à Aujounnet l'aîné ; le presbytère de Château-sur-Allier, 3.550 fr., à Berrier ; celui de Franchesse, 4.640 fr., à Gilbert Petitjean ; une écurie et une cour, à Montluçon, prov. du chapitre de Saint-Nicolas, 648 fr., à J.-B. Parcouret.

### *19 thermidor an IV*

Le presbytère de Bègues, adj. 3.250 fr., à Hubert-Jean-François Mercier, de Gannat ; celui du Vernet, 1.800 fr., à Pierre Forissier, pour François Billaud.

### *21 thermidor an IV*

Une maison située place d'Allier, adj. 1.629 fr. à Jeanne Gilbert, veuve Camus ; le bois de la petite et de la grande Bressolles, situé à La Chapelle-aux-Chasses et provenant de la couronne, 2.200 fr., à Claude Meilheurat ; le presbytère de Billezois, 3.015 fr., à Dérangeon et Bergoin ; celui de Saint-Martinien, 2.060 fr., à Jean-Baptiste Duchet, de Montluçon ; celui de Burges-les-Bains, 2.700 fr., à Claude Petitjean.

### 22 thermidor an IV

Une pièce de terre située à Lapalisse, prov. de la fabrique, adj. 330 fr. à Gilbert Jaladon; le presbytère de Lubier, 2.160 fr., à Pierre Delaire; un bois de haute futaie appelé le parc de la Chaussière, à Vieure, prov. de la couronne, 30.000 fr., à Gilbert Thonier, de Cosne.

### 23 thermidor an IV

Le presbytère de Bussolles, adj. 1.050 fr. à Etienne Vincent; celui de Saint-Yorre, 1.050 fr., à Guillaume Desboudard; l'église d'Augy, 1.152 fr., à Pierre Grand; le presbytère d'Augy et un morceau de terrain appelé le Verger, 2.144 fr., au même.

### 25 thermidor an IV

4 œuvres de vigne à Gannat, dépendant du ci-devant chapitre, adj. 308 fr. à Ronchaud; un bois taillis, situé à Chamblet, prov. des Cordeliers de Montluçon, 1.320 fr., à Jean Berger, de Saint-Angel; le presbytère du Breuil, 1.520 fr., à Joseph Ruet, du Mayet-de-Montagne; celui de Lenax, 3.960 fr., à Philibert Faulconnier et Hippolyte Gémois; l'église de Chavroche, 540 fr., à Claude Bourdier; celle de Trezelle, 1.800 fr., à Hippolyte Jémois; le presbytère de Bert, 3.990 fr., à Beauchamp, commissaire du du directoire exécutif près les tribunaux de Moulins; celui de Givrette, 2.556 fr., à François Guillomet; celui d'Aubigny, 2.602 fr., à Pierre Saulnier, du Réray.

### 28 thermidor an IV

Le presbytère de Naves, adj. 810 fr. à Jean Montenat; la chapelle de Ponlèvre, sise à Verneuil,

810 fr., à la veuve Ballore, de Moulins; un bâtiment servant de corps de garde, à Montluçon, 5.580 fr., à François Potier, perruquier; l'église de Varennes, 504 fr., à Antoine Marcé.


### 29 thermidor an IV

La maison des ci-devant sœurs de la Croix, à Moulins, adj. 2.484 fr. à Pierre Forissier; un petit pré dépendant de la cure de Neuilly, 528 fr., à Jacques Saulnier, de Neuilly-le-Réal; celui de Trezelle, 1.260 fr., à Anne Garreau; un morceau de terre à Saint-Désiré, dép. du presbytère, 44 fr., à Devaux-Malvaux; le presbytère de la Chapelette, 1.880 fr., à Jean Devaux-Malvaux; celui de Moussais, 1.590 fr., au même; celui de Saint-Marcel, 4.980 fr., à Augustin Roudier; celui de Neure, 2.160 fr., à Gilbert Foin.


### 1er fructidor an IV

Le presbytère de Valignat, adj. 1.620 fr. à Claude Boirot aîné; celui de Soupaize, 1.584 fr., à Dauphin, de Chemilly; un pré situé à Souvigny, dépendant du presbytère, 968 fr., à Claude Fallier; le presbytère de Saint-Caprais, 1.350 fr., à Gilbert Maillet; un bâtiment servant de caserne, faubourg des Garceaux, à Moulins, 4.896 fr., à Gilbert Vacheron.


### 3 fructidor an IV

Le couvent des Bernardines de Montluçon, adj. 40.500 fr. à Philippe-François Desmarest.


### 6 fructidor an IV

Un pré sis à Brugheas, dépendant du presbytère, adj. 440 fr. à Antoine Challeton; un jardin dépendant du prieuré de Montet, 2.880 fr., à François Phelipon ; le presbytère de Saint-Didier-en-Donjon, 2.240 fr., à Jacques Bouillet.

### 7 fructidor an IV

Le presbytère de Veauce, adj. 1.502 fr. à Antoine Boirot ; l'église de Chareil, 864 fr., à Jean-Pierre Cassagnes, de Chantelle ; une petite chènevière située dans les anciens fossés du Montet, dép. du presbytère, 550 fr., à François Phelipon ; la terre de la Grande-Serre, à Gannay, prov. de la couronne, 2.992 fr., à Jean Louvrier et Jean Pelisse ; la forêt du Vernet, à Saint-Gérand-de-Vaux, prov. de la couronne, 33.228 fr., à Gabriel Batonnier, de Saint-Loup ; le couvent des Ursulines de Montluçon, 33.912 fr., à Jacques Brulé ; une cave située à Cosne, dép. du presbytère, 216 fr., à Gilbert Duranton.

### 14 fructidor an IV

Le presbytère de Vernusse, adj. 2.322 fr. à Pierre-Claude Papon, de Vicq ; une terre dépendant du prieuré de Gannat, 308 fr., à Gilbert Granger ; le cimetière Sainte-Croix de Gannat, 232 fr., à Chargueraud ; le presbytère de Montoldre, 1.800 fr., à Claude Lageneste.

### 15 fructidor an IV

Le presbytère de la Lizolle, adj. 3.120 fr. à Jean Vivier ; celui de Taxat, 3.600 fr., à Antoine Jutier, au nom de J.-B. Artaud ; celui de Pœzat, 3.064 fr., à Jean Gonin, de Moulins ; une terre sise à Taxat, 1.100 fr., à Antoine Jutier, pour Jean-Baptiste-Augustin Artaud ; une demi-boisselée de terre à

Souvigny, prov. du prieuré, 66 fr., à Rondepierre ;
3 boisselées de terre, prov. de l'abbaye de Saint-
Menoux, sises audit lieu, 330 fr., à François Fallier ;
le presbytère de Beaune, 3.060 fr., à Alexis Hennequin ; celui d'Urçay, 1.520 fr., à Jacques Baudet.


### *18 fructidor an IV*

Le presbytère de Louroux-de-Beaune, adj. 1.350 fr.
à Jean Siramy ; un pré et une grange, à Saint-Prix,
prov. de la fabrique, 521 fr., à Jean Dard, pour
Gilbert Liandon ; la chapelle Notre-Dame, à Lenax,
135 fr., à Jean-Marie Preverand ; le presbytère de
Maillet, 1.740 fr., à Marie-Anne Bantin ; celui de
Givarlais, 2.500 fr., à Gilbert Paquier ; le pré de
Labrosse, sis à Ygrande, prov. de la fabrique,
663 fr., à Jacques Madet.


### *19 fructidor an IV*

Le presbytère de Saint-Cyprien, adj. 679 fr. 50
à Nicolas Parton, de Charroux.


### *21 fructidor an IV*

Le presbytère de Treignat, adj. 900 fr. à Silvain
Goutet ; celui de Frontenat, 1.250 fr., à Antoine
Mayat.


### *22 fructidor an IV*

Le presbytère de Lamaids, adj. 1.182 fr. à Claude
Sartin ; celui d'Archignat, 1.216 fr., à Lagrange,
de Mesples.

### 23 fructidor an IV

Le presbytère de la Chapelaude, adj. 4.320 fr. à Jean Villatte, de Chazemais.

### 24 fructidor an IV

Le presbytère de Courçais, adj. 2.920 fr. à J.-B. Villatte, de Chazemais; 3 coupées de terre, à la Chapelaude, dép. du prieuré, 66 fr., à Jean Devaux-Malvaux.

### 25 fructidor an IV

Le presbytère de Lavaux - Sainte - Anne, adj. 1.300 fr. à Nicolas Picant; celui de Ronnet, 1.524 fr., à Augustin Roudier, de Villebret; celui de Quinssaines, 1.821 fr., à Jean-Baptiste Montenat.

### 28 fructidor an IV

Le presbytère de Chouvigny, adj. 470 fr. à Antoine Cante, de Chouvigny; 3 boisselées de terre provenant de l'abbaye de Saint-Pierre-de-Léon, sises commune de Saint-Ennemond, 484 fr., à Lazare Bequas, pour le citoyen Pierre Colin; le presbytère de Teillet, 2.953 fr. 5 s., à Bravy-Gilbert Jaladon, pour Gilbert Jaladon, receveur général de l'Allier; un emplacement près de l'église de Langy, 198 fr., à Paul Pouillien; le presbytère de Chatelus, 2.710 fr., à Barthélemy Mouzin; celui de Montcombroux, 2.056 fr., à Joseph Poullet; une maison à Avermes, faisant partie du patrimoine communal de Moulins, 2.210 fr., à Marie-Jeanne Guillemin, veuve Robin.

*29 fructidor an IV*

Le presbytère d'Huriel, adj. 560 fr. à Claude-François Alix ; la chapelle de Crevant et celle de Vignoux, à Domérat, 1.260 fr., au même.

*1ᵉʳ jour complémentaire de l'an IV*

L'église de Coutansouze, adj. 594 fr. à Bravy-Dumas ; le presbytère de Voussac, 1.992 fr., à Jean-Baptiste Montenat ; l'emplacement de la ci-devant chapelle Sainte-Procule, à Gannat, 121 fr., à Pierre Labrosse, voiturier à Gannat ; le presbytère de Chatelperron, 2.160 fr., à François Bassot.

*3ᵉ jour complémentaire de l'an IV*

L'église de Charroux, ainsi que le cimetière, adj. 959 fr. 8 s. à Claude Boirot aîné, de Moulins ; le prieuré de Saint-Palais, 944 fr., à Antoine de Larchardière, de Préverange.

*5ᵉ jour complémentaire de l'an IV*

Le presbytère de Deux-Chaises, adj. 4.480 fr. à Petitjean-Logère, du Montet ; l'église de Lucenat-sur-Allier, 1.888 fr., à Sylvestre Lafait, de Ville-neuve ; le presbytère de Malicorne, 4.898 fr., à Jacques Allin fils ; le couvent des Capucins de Montluçon, 9.900 fr., à Philippe-François Des-marets.

*1ᵉʳ vendémiaire an V*

Le presbytère d'Avrilly, adj. 2.240 fr. à Claude-Marie Captier.

### 2 vendémiaire an V

L'ancien cimetière de Vouroux, adj. 330 fr. à Jacques-François Baquet.

### 3 vendémiaire an V

Un jardin à Saint-Fargeol, dépendant du presbytère, adj. 220 fr. à André Martinet.

### 4 vendémiaire an V

Le presbytère de Fleuriel, adj. 2.520 fr. à Bonnet-Ferrandon ; l'église du Lonzat, 900 fr., à Antoine Chopin.

### 5 vendémiaire an V

Une terre de 2 boiss., sise à Cressanges et dép. du presbytère, adj. 528 fr. à Jean Chassery.

### 7 vendémiaire an V

Une terre et une vigne, dép. du prieuré, situées à Saint-Germain-des-Fossés, adj. 1.572 fr. 75 à Pierre Liandon, notaire public.

### 8 vendémiaire an V

Le presbytère de Saint-Prix, adj. 900 fr. à Jacques-Joseph Villefort, pour et au nom de Marguerite Mogaray, veuve Saint-Gerand.

### 9 vendémiaire an V

10 arpents de terre, dépendant de la chapelle de Saint-Fiacre, situés à Gipcy, adj. 946 fr. à Jean Montenat et à Claude Charpentier.

### 11 vendémiaire an V

Le pré Marichelle, dépendant du presbytère du Mayet, adj. 550 fr. à André Moussier; une vigne sise à Creuzier-le-Vieux, dépendant du presbytère, 330 fr., à Gilbert Delesvaux.

### 15 vendémiaire an V

La chapelle Saint-Gervais, à Lurcy, adj. 314 fr. à J.-Marie Berrier; un pré situé à Lurcy, dép. du prieuré, 352 fr., à Louis Marmion.

### 22 vendémiaire an V

4 boisselées de terre, provenant de l'ordre de Malte, sises à Jenzat, adj. 88 fr. à Gilbert Brunet.

### 25 vendémiaire an V

Le presbytère de Saint-Palais, adj. 1.176 fr. à Marien Thomas; une terre d'une coupée, sise au Vernet, dép. de la fabrique, 66 fr., à Jacques Ferrand, de Cusset.

### 26 vendémiaire an V

Un bois appelé Pannesange, à Saint-Ennemond, provenant de la couronne, adj. 5.940 fr. à Jacques Mousset.

*28 vendémiaire an V*

Une maison provenant des Ursulines de Montluçon, adj. 1.440 fr. à André Jabin.

*5 brumaire an V*

Un bois de 18 boisselées appelé Ranaud, appartenant aux moines de Sept-Fonts et situé à Boucé, adj. 1.485. fr. à Pierre Delaire, de Moulins.

*13 brumaire an V*

Le presbytère de Saulzet, adj. 2.020 fr. à Claude Garreau, de Moulins.

*15 brumaire an V*

La chapelle de Notre-Dame de La Palisse, adj. 1.800 fr. à Bravy-Gilbert Jaladon, pour Gilbert Jaladon, receveur général du département.

*18 brumaire an V*

Le presbytère de Mesples, adj. 1.186 fr. à Louis Agard, pour Joseph Lagrange; un petit pré situé à Treignat, dépendant du presbytère, 352 fr., à Antoine Mayard.

*19 brumaire an V*

Le presbytère de Saint-Rémy, adj. 2.130 fr. à Thonier, de Cosne; un pâturail sis à Saint-Genest, prov. du presbytère, 264 fr., à Gilbert Forichon.

### 23 brumaire an V

L'église de Cintrat, adj. 626 fr. à Henry Minat, d'Ussel; la maison et porte de ville des Cordeliers de Montluçon, 990 fr., à Charles et Jacques Bompois.

### 29 brumaire an V

Une pièce de terre de 2 boiss. et un pré, prov. de la commune de Moulins, adj. 550 fr. à Arloing.

### 5 frimaire an V

Les bruyères de Bellevaux, prov. de la couronne, à Saint-Plaisir, adj. 3.630 fr. à Jean-Baptiste Guillaumin, de Couleuvre.

### 9 frimaire an V

La chapelle appelée l'Hôpital - de - Billy, adj. 1.080 fr. à Jean-Claude Meilheurat-Fontcrose; le domaine du Pavillon, sis à Thionne, dépendant du prieuré du Moutier, 5.324 fr., à Antoine Clayeux, de Thionne.

### 29 frimaire an V

La terre des Grandes-Chaumes, sise à Viplaix, dépendant de la commanderie de Lavaux-Saint-Jean, adj. 660 fr. à Marien Thomas.

### 5 nivôse an V

6 quartelées de terre sises à Quinssaines, dép. de la commanderie de Coursages, adj. 77 fr. à Etienne Cantat, commissaire du directoire exécutif près le canton d'Huriel.

*12 nivôse an V*

Le bois de Combenoire et le bois de Saint-Martin, à Ebreuil, dépendant de l'abbaye, adj. 24.860 fr. à Boirot et Battet.

*29 nivôse an V*

La chapelle Saint-Jean de Creuzier-le-Vieux, adj. 180 fr. à Gilbert Delesvaux.

*29 pluviôse an V*

Le presbytère de Vaux, adj. 2.974 fr. à Jean-Baptiste Besson, de Montluçon.

*25 ventôse an V*

La chapelle de Saint-Fiacre, à Gipcy, adj. 594 fr. à Faulconnier, de Moulins.

*7 germinal an V*

Une demi-boisselée de terre à Saint-Menoux, prov. du presbytère, 33 fr., à Antoine Faivre, de Moulins; une partie du vieux château de Moulins, 1.260 fr., à François Brunet-Latour.

*11 germinal an V*

Le domaine de Beauvais, sis à Nocq, provenant des moines d'Evaux, adj. 15.024 fr. à Agnan Touzet.

*12 germinal an V*

Une chènevière sise à Néris, prov. du presbytère, adj. 440 fr. à Paul-Joseph Deplaigne.

*21 germinal an V*

Un terrain sis à Moulins de 24 pieds de large, prov. de la commune, adj. 121 fr. à Brulé fils; un autre terrain de même dimension, id., 121 fr., à Jacques Taillandier, de Moulins.

*22 germinal an V*

Le presbytère de Sainte-Thérence, adj. 1.836 fr. à Augustin Roudier.

*23 germinal an V*

La carrière de marbre sise à Diou, provenant du presbytère, adj. 121 fr. à Bernachez l'aîné.

*24 germinal an V*

Le presbytère de Treteau, adj. 3.900 fr. à Jacques Ducléroir.

*14 fructidor an V*

4 boisselées de terre, dépendant de la cure de Saint-Menoux, adj. 220 fr. à Antoine Faivre, de Moulins.

*18 brumaire an VI*

Un terrain provenant des biens communaux de Moulins, sis au bas des Levées, adj. 1.584 fr. à Antoine Méchin.

*23 frimaire an VI*

Le bois Pellé, provenant de la couronne, sis à Gouize, adj. 2.840 fr. à Jacques-Joseph Villefort, pour et au nom de Claude Devaulx, de Cindré.

*15 pluviôse an VI*

Le bois Bourron, provenant de la couronne, sis à Gouize, adj. 8.210 fr. à Jacques Cordez, négociant à Moulins, pour et au nom d'Edme-Jean-Baptiste Sainsère le jeune, cultivateur.

*23 pluviôse an VI*

Le bois d'Enchaume, à Estivareilles, provenant de l'abbaye de Bellaigue, adj. 301.700 l. à Gabriel-François Dageville; un terrain en gravier à Bourbon-l'Archambault, 300 l., à Gourjon; la forêt de Champlin, à Chapeau et Montbeugny, 300.000 l., au même ; le couvent des Carmélites, à Moulins, 600.300 l., à Gabriel-François Dageville.

*15 ventôse an VI*

Une maison à Moulins, prov. des Sœurs-Grises, adj. 17.000 l. (1) ; autre maison prov. des Sœurs-Grises,

_____________

(1) Le nom de l'acquéreur manque.

id., 42.000 l., à Libault; autre maison, même provenance, 52.000 fr., à Vinville; les trois lots du bois Marteau, à Mesples, prov. du prieuré de Notre-Dame d'Huriel, à Gourjon et Dageville; les quatre lots de la forêt d'Etelins, 250.000 fr., à Gourjon; la chapelle de Saint-Etienne, à Chatelois, 12.000 fr., à Marie-Anne Luylier, veuve Gayot; une pièce de terre, id., appartenant à la République, à titre de déshérence sur Marie Ducreuzet, 13.500 fr., à J.-B. Libault.

### 16 ventôse an VI

Deux morceaux de terre situés à Saint-Désiré, provenant de la fabrique, adj. 253 fr. à Devaux-Malvaux.

### 8 germinal an VI

La chapelle de Saint-Rémi, à Saint-Sauvier, prov. de l'abbaye des Pierres, adj. 18.100 fr. à Mme Charrier, veuve Prost, de Moulins.

### 9 germinal an VI

Le presbytère de Saint-Pierre de Moulins, adj. 8.100 fr. à Thibaud, imprimeur à Moulins.

### 11 germinal an VI

La grange du ci-devant presbytère de Chevagnes, adj. 738 fr. à Claude Laporte.

### 12 germinal an VI

La maison des Minimes de Moulins, avec son église, adj. 23.400 fr. à Pierre Thibaud, imprimeur à Moulins, par l'entremise de Jean Fallier, de Souvigny.

### *1<sup>er</sup> floréal an VI*

Un pré à Saint-Prix, prov. de la fabrique, adj. 10.000 fr. à Betin ; la chapelle de Sainte-Flamine, à Gannat, 1.300 l., à Barth. Verd ; le cimetière de Saint-Bonnet, près Moulins, 5.800 fr., à Annet Lougnon ; une maison rue des Piques, à Moulins, prov. des Sœurs-Grises, 41.300 fr., à Antoine Aujame ; un petit morceau de terre à Lapalisse, prov. de la fabrique, 1.000 fr., à Etienne Adam ; le couvent des Religieuses de Gannat, 502.700 fr., à Gilbert Fouché, François Gauthier, Toussaint Betin, Jacques Brulé, Pierre Delaire et Joseph Arloing.

### *27 prairial an VI*

Une grande brande appelée les Bergerats, provenant du prieuré d'Huriel, sise à Nocq, adj. 176 fr. à Jean Dubreuil ; une redevance d'un char de foin, due à la fabrique d'Huriel, 220 fr., au même.

### *16 messidor an VI*

Le presbytère de Souvigny, adj. 3.240 fr. à Claude Durand.

### *7 thermidor an VI*

Le pré des Poules, à Ygrande, prov. de la cure, adj. 25.800 fr. à Georges-Louis Ripoud ; un quart de boiss. de terre à Saint-Léon, id., 725 fr., à M<sup>me</sup> Conny des Millières et Burelle ; les bâtiments du prieuré de Saint-Lazare, à Saint-Pourçain-sur-Sioule, 101.000 fr., à Dupuis.

### *13 thermidor an VI*

Le jardin des Sœurs de la Croix, à Moulins, adj. 3.440 fr. à Pierre Forissier.

### 17 thermidor an VI

L'église de Créchy, adj. 15.000 fr. à Martin; celle de Longepré, 17.600 fr., à Desbouis et Nicolas Reignier; le presbytère de Longepré, 53.000 fr., aux mêmes; celui de Thiel, 40.800 fr., à Collin du Breuil.

### 21 thermidor an VI

Une maison et un terrain situés place d'Allier, à Moulins (bien communal), adj. 1.629 fr. à Jeanne Gilbert, veuve Camus-Patissier.

### 27 thermidor an VI

L'église de Saint-Pierre-Laval, adj. 20.600 fr. à Jean-Marie Perret, Pierre Lalias et veuve Régnier; l'église et le presbytère du Bouchaud, 21.400 fr., à Nicolas Bonnet et Lazare Ravat; l'église de Montord, 18.600 fr., à Toussaint Betin et Colin; celle de Bresnay, 40.400 fr., à Estopy-Desvignet; celle de Monétay-sur-Allier, 30.000 fr., à Etienne Mérier, Jean Bussière et François Clayeux; le vignoble de Chezelle, 150.000 fr., à Georges-Gilbert Phelipon; celui de Charenton, situé commune de Laroche-Branssat, 50.500 fr., à Pierre-François Batilliat et Joseph Franque.

### 22 fructidor an VI

La chapelle Saint-Roch, à Chatelus, adj. 800 fr. à Collin du Breuil; l'église paroissiale de Chatelus, 20.000 fr., au même; celle d'Andes, 4.000 fr., au même; celle de Droiturier, 30.000 fr., au même; celle de Toulon, 30.000 fr., à Betin et Collin; celle de Loddes, avec la sacristie, 5.000, aux mêmes; celle de Trévol, 40.000 fr., aux mêmes; celle de Neuvy, 18.000 fr., à Betin; un quart de boisselée de terre, à Autry, 1.800 fr., à Cartier; le couvent des Filles de la Croix, à Moulins, formant trois lots, 656.000 fr., à Delaire, Papon, Arloing et Forissier; l'église de Varennes-sur-Tèche, 10.100 fr., à Meilheurat des Virots; celle de Saint-Plaisir, 21.000 fr., à Betin et Collin; celle de Couzon, 20.200 fr., à Pierre-François Batilliat; celle de Pouzy, 10.000 fr., à Betin.

### 6 vendémiaire an VII

Un pré dépendant de la cure de Dompierre, adj. 440 fr., à François-Joseph Bouillier.

### 21 vendémiaire an VII

Une chambre couverte à tuile et diverses terres, sises à Venas, dépendant de la fabrique de Cosne, adj. 300 fr. à Gilbert Hérodet.

### 23 vendémiaire an VII

Le bâtiment servant de prison à Souvigny, adj. 1.890 fr. à Jean Rondepierre, aubergiste à Souvigny.

### 21 brumaire an VII

Une partie du cimetière des Bénédictins de Souvigny, adj. 533 fr. à Claude Durand; un terrain provenant des Bénédictins de Souvigny, 44 fr., à Pierre Thibaud.

### 23 brumaire an VII

Un morceau de terrain en pré, dépendant de la cure de Marcillat, adj. 330 fr. à Antoine Leclerc.

*9 frimaire an VII*

L'église de Billy, adj. 1.998 fr. à la citoyenne Rosalie Charot, veuve Grandjean.

*5 nivôse an VII*

L'église de Saint-Bonnet de Bellenaves, adj. 405 fr. à Jean-Baptiste Secretain.

*9 pluviôse an VII*

L'église de Pollier, adj. 7.000 fr. à Perrot des Modières; celle d'Isserpent, 3.700 fr., à Berthelot; celle de Sussat, 2.000 fr., à Louis Barbat; celle de Servilly, 1.400 fr., à Gilbert Colin; le presbytère de Servilly, 9.100 fr., au même ; l'église d'Avrilly, 5.100 fr., à Burelle; celle de Bussolles, 1.500 fr., à Charles Gobbé, pour Claude Ressaut et Lapendrie; celle de Barrais, 5.000 fr., au même, pour les mêmes; le presbytère de Barrais, 30.500 fr., au même; l'église de Saint-Clément, 2.100 fr., à François Givois; celle de Saint-Nicolas, 1.000 fr., à Papon ; celle de Mercy, 2.500 fr., à la veuve Bourgeois; celle de Chapeau, 4.000 fr., à Papon; celle de Monétay, 4.100 fr., à Charles Reigneaud; celle de Magnet, 10.300 fr., à Couchard; celle de Montoldre, 4.300 fr., à Jean Paradis ; le vieux château de Verneuil, 22.000 fr., à Couchard; le presbytère de Montord, 41.000 fr., au même.

*14 pluviôse an VII*

Douze coupées de terre, sises à Boucé, provenant des Moines de Sept-Fonts, adj. 308 fr. à Louis Devaulx de Boucé.

*18 pluviôse an VII*

L'église de Sorbier, adj. 270 fr. à Blaise Croizier-Beaufort.

*22 pluviôse an VII*

L'église de Châtillon, adj. 26.400 fr. à Pierre Bidaut ; celle de Billezois, 20.000 fr., à Bodin, médecin ; celle de Lubier, 20.200 fr., au même ; celle de Saint-Prix, 25.200 fr., à Gilbert Giraud ; celle de Chassenard, 42.400 fr., à Bodin ; celle de Saint-Léger-des-Bruyères, 10.000 fr., à Peinot.

*8 ventôse an VII*

L'ancien cimetière Saint-James, à Gannat, adj. 176 fr. à Louis Brurot.

*9 ventôse an VII*

L'église des Carmélites de Moulins, adj. 500.000 fr. à Sébastien Couchard ; celle de Limoise, 26.000 fr., à Antoine Papon ; celle du Pin, 10.000 fr., à Vernoy ; celle de Châtelperron, 14.000 fr., à Joseph Beauchamp.

*8 germinal an VII*

Les matériaux provenant de l'église de Villebret, adj. 330 fr. à Pierre Bohat, pour Mage et Roudier.

*9 germinal an VII*

L'église de Chouvigny, adj. 31.000 fr. à Gilbert Chapuzet ; celle de Chamblet, 8.100 fr., à Louis

Limoges et Marie Déchery ; celle de Preuille,
14.900 fr., à Jean Paradis ; celle de Bost, 30.800 fr.,
à J.-B.-Joseph Bulot ; celle de Saint-Pourçain-sur-
Besbre, 4.300 fr., à François-Xavier Lacroix ; celle de
Vaumas, 10.200 fr., à J.-François Burelle et J.-B.
Tantôt ; celle de Bert, 10.000 fr., à Lièvre-Duchêne ;
celle de Liernolles, 50.100 fr., à Sébastien Linotte ;
celle de Montcombroux, 2.000 fr., à Pierre Meilheurat ; celle de Neuilly-en-Donjon, 10.600 fr., à Jean
Roger et Claude Gondaux ; celle de Saint-Didier,
11.200 fr., à Gaspard Méplain, Jouanel et autres ;
un morceau de terre provenant de la cure de
Lignerolles, 132 fr., à Étienne Lafarge.

### 15 germinal an VII

L'église de Châtel-Montagne, adj. 150.000 fr. à
Jérôme Phelipon ; celle d'Hauterive, 104.000 fr., à
Hubert Combe, de Cusset ; celle de Mariol,
55.000 fr., à François Givois ; celle de Molles,
41.000 fr., à Jean-Marie Martinant-Préneuf ; celle
d'Aronnes, 69.000 fr., à François Givois ; celle de
Saint-Rémy, 100.000 fr., à Hubert Combe ; la
chapelle Saint-Michel-du-Breuil, 10.000 fr., à Jean-
Baptiste Ponthenier ; l'église de Saint-Germain-des-
Fossés, 100.000 fr., à Hubert Combe ; celle de
Montfand, 50.000 fr., à François Givois ; celle de
Saulcet, 105.000 fr., au même ; celle de Louchy,
66.000 fr., à Ferrier, Roux et autres ; celle de Cesset,
50.000 fr., à François Givois ; celle de Lafeline,
83.000 fr., à Philippe Régnier ; celle d'Abrest,
132.000 fr., à François Givois ; celle de Creuzier-le-
Vieux, 120.000 fr., à Hubert Combe.

### 18 germinal an VII

L'église de Cognat, adj. 10.000 fr. à Pierre Larzat ;
celle de Franchesse, 30.000 fr., à Jean-Baptiste

Boissier; celle de Beaulon, 70.000 fr., à Baptiste Bayon, Jean-Baptiste Goyard et autres; celle de Chézy, 30.000 fr., à François Ferrand et Antoine Durantel, pour Mérier; celle de Garnat, 11.500 fr., à Jean-Michel Goyard, de Beaulon; celle de Lusigny, 52.000 fr., à Jérôme Phelipon fils; celle de Saint-Pourçain-Malchère, 25.000 fr., à Antoine Loyard; celle de Thiel, 51.000 fr., à François-Joseph Boullier; celle de La Chapelle-aux-Chasses, 16.000 fr., à Benoît Louvrier; celle de Saint-Martin-des-Lais, 40.000 fr., à Marie-Antoinette-Henriette Corneillian, veuve Labrousse; celle de Paray-le-Frésil, 74.000 fr., à Jacques Perrin; celle de Saint-Aubin, 45.000 fr., à Jacques-Joseph Villefort; celle de Ciernat, 11.000 fr., à Jacques-Louis Lomet; celle de Cindré, 20.000 fr., à Claude Devaulx; celle de Langy, 6.000 fr., à Paul Pouillien; celle de Saussat, 10.000 fr., à Pierre Galien; celle de Saint-Etienne-du-Bas, 7.000 fr., à Antoine Delaire; celle de Branssat, 13.000 fr., à Semin, Laval, Renaudet et autres.

### 26 germinal an VII

L'église de Givarlais, adj. 3.000 fr. à J.-François Favières; celle de Saint-Caprais, 3.000 fr., à Michel Colin; celle de Chatelois, 3.000 fr., à Gilberton; celle de Louroux-Hodement, 11.500 fr., à François Bourgeois; celle d'Archignat, 3.000 fr., à Gilbert Petit, notaire; celle de Frontenat, 4.200 fr., au même; celle de Lamais, 18.500 fr., à Philippe-François Desmarets; celle de Mesples, 8.500 fr., à Pierre Chaumeton; celle de Saint-Palais, 5.500 fr., à Blaise Aumeunier; celle de Treignat, 49.000 fr., à Jean-André Lemoine.

### 12 floréal an VII

L'église de Bardais, adj. 8.200 fr., à Philippe Duvernet; celle de Saint-Benin, 11.000 fr., à

Jacques Vindrinet; celle de Saint-Bonnet-le-Désert, 12.600 fr., à Michel Bonneau ; celle de Braize, 5.100 fr., à Jacques Vindrinet ; celle d'Ile-sur-Marmande, 7.000 fr., à Gilbert Guilletaud; celle de Valigny, 16.100 fr., à Philibert Bourgognon et Jean Belleret ; celle de Noyant, 50.000 fr., à Charles Martinat, Jean-Baptiste Dubost et Guillaume Mathé; celle de Treban, 46.500 fr., à Antoine Bussonnet; celle de Vendat, 10.500 fr., à Jean-Baptiste Duranton aîné et Jean-Baptiste Margottat; celle de Vaux, 20.000 fr., à Gilbert Benoît; celle de Chazemais, 19.000 fr., à Jean-Baptiste Dupuis; celle de Courçais, 11.000 fr., à François Delestang; celle de Moussais, 20.000 fr., à Devaux-Malvaux ; celle de Nocq, 10.000 fr., à Sébastien Couchard; celle de Boucé, 34.500 fr., à Jean-Baptiste Maresquier, de Varennes, et Barthomeuf.

### 15 messidor an VII

L'église de la Chapelle, adj. 1.300 fr. à Bourgeois, Ferrand et Durantel; celle de Barberier, 6.300 fr., aux mêmes; celle de Chezelle, 40.000 fr., à Claude Raynaud; celle de Fleuriel, 21.000 fr., au même; celle de Monestier, 25.000 fr., au même; celle de Contigny, 152.000 fr., à Jean Soucasset; celle de Meillard, 30.000 fr., à François Ferrand; celle de Bizeneuille, 15.000 fr., à J.-François Favières; celle de Cosne, 21.000 fr., à Gilbert Chaumont; celle de Louroux-Courget, 8.000 fr., à Gilbert-Martin Perceau; celle de Maillet, 5.000 fr., à Gilbert Beaudeau-Villebrat; celle de Vicure, 3.000 fr., à Marc-Antoine Bergerolle ; celle de Montbeugny, 101.000 fr., à Pierre Puyet; celle de Saint-Voir, 29.000 fr., à Claude Bellavoine ; celle du Vernet, 5.000 fr., à Jean-Baptiste Dupuy.

### 29 messidor an VII

Une pièce de terre provenant de la cure de Contigny, adj. 45 fr. à Jean-Marie Gosse.

### *6 thermidor an VII*

L'église de Theneuille, adj. 3.600 fr. à Bourgoing;
celle du Vilhain, 3.600 fr., à Roulhier et Bourgoing;
celle de Gipcy, 6.000 fr., à Sébastien Couchard;
celle de Meillers, 4.000 fr., au même ; celle de
Couleuvre, 38.000 fr., à Jean Jarouflet ; celle du
Brethon, 25.000 fr., à Anne Luylier; celle d'Urçay,
7.000 fr., à Gadon, Deschamps, Pinon et Jonchat;
celle de Vallon, 36.000 fr., à Jean Jarouflet; celle
d'Agonges, 52.000 fr., à Pierre Grand; celle d'Autry,
50.000 fr., à Barthélemy Esminjaud ; celle de
Bagneux, 49.000 fr., à Pierre Saulnier; celle de
Marigny, 30.000 fr., à Martinet, dit Boudot; celle
de Treteau, 15.400 fr., à Claude Marchand; une
maison à Moulins, provenant des Sœurs-Grises,
50.000 fr., à Antoine-Marie Tissier.

### *8 thermidor an VII*

L'église de la Chapelette, adj. 10.000 fr. à Antoine
Tissier ; celle de Viplaix, 36.000 fr., au même ;
celle d'Espinasse, 20.000 fr., à Louis Becquemy;
celle de Saint-Pont, 12.000 fr., à Pierre Bohat; celle
de Serbannes, 14.000 fr., à Pierre Allix, Purelle et
autres; celle de Seuillet, 71.000 fr., à Sébastien
Couchard; celle de Molinet, 50.000 fr., à Jacques
Platet; celle de Bayet, 85.000 fr., à Ambroise Dorat,
Détermes, veuve Fontanges, et Lamy Boiscouteau;
celle de Saint-Didier, 41.000 fr., à Etienne Aujame;
celle de Villaine, 9.000 fr., à Jacques Boirot-Lacour;
celle de Chappes, 40.000 fr., à Philippe Dubost;
celle de Chavenon, 112.000 fr., à Joseph Déléage,
pour Jeanne-Françoise Thonier ; celle de Murat,
79.000 fr., à Déléage; celle de Neuville, 10.000 fr.,
à Jean-Baptiste Dupuy ; celle de Sauvagny,
23.000 fr., à Gilbert Desboutin et Jacques-Antoine
Deschamps-Lavarenne; celle de Tortezais, 22.000 fr.,
à Jacques Roux.

### 24 thermidor an VII

L'église d'Echassières, adj. 12.500 fr. à Jean-Baptiste Brunet; celle de Tizon, 12.000 fr., au même; celle de Valignat, 10.000 fr., à Simon Mignot; celle de Veauce, 31.000 fr., aux mineurs Cadier, de Veauce; une maison à Cerilly, appelée la Vicairie, 100.000 fr., à Duchier et Lhoste; l'église de Mazirat, 6.500 fr., à Etienne Aujame; celle de Prémilhat, 23.000 fr., à François Guillomet; celle de Teillet, 21.000 fr., à Simon Mignot; celle de Sainte-Thérence, 31.000 fr., à Jean-Baptiste Dupuy; une maison au Montet, prov. du prieuré, 153.000 fr., à Pierre Aujouanet; l'église du Theil, 41.000 fr., à Pin et Madet; celle de Rocles, 63.000 fr., à Jean-Marie Péronnin; celle de Saint-Sornin, 49.000 fr., à Pierre Roux ; celle de Tronget, 55.000 fr., à Claude Raynaud; une maison à Verneuil, prov. de la cure, 82.000 fr., à Dupuy et autres.

### 12 fructidor an VII

L'église de Besson, adj. 50.000 fr. à Charles Biotière-Tilly; celle de Chemilly, 100.000 fr., à J.-Louis-Denis Château ; celle de Coulandon, 7.000 fr., à Jacques Delan; celle de Chirat, 6.000 fr., à Gilbert Pingot ; celle de Louroux-de-Bouble, 6.500 fr., à François-Augustin Baratier ; celle de Voussac, 2.500 fr., à Claude Pannetier; celle d'Aubigny, 10.500 fr., à Pierre Saulnier, du Réray; celle de Château, 28.000 fr., à Marie-Amable Cadier et Guillaume Cadier, de Veauce ; celle de Mézangy, 12.000 fr., à Jean Clénet; celle d'Aurouër, 24.000 fr., au même; celle de Gennetines, 18.000 fr., à Jean-Baptiste Dupuis ; celle de Saint-Ennemond, 35.000 fr., à Jean-Baptiste Moreau, Pierre Faye, Claude Turpin et Pierre Collin.

### *25 fructidor an VII*

Un jardin, situé à Cérilly, prov. de la cure, adj. 1.000 fr. à Denis Giraudeau.

### *3e jour complémentaire de l'an VII*

L'église de Deux-Chaises, adj. 720 fr. à Annet Gouvernère fils.

### *28 vendémiaire an VIII*

L'église de Bègues, adj. 9.000 fr. à Brunet et Déboudard ; celle de Charmes, 29.000 fr., à Jean-Baptiste Dupuis ; celle de Poëzat, 11.000 fr., à François Bourroux ; celle de Saint-Priest, 6.500 fr., à Jean-Baptiste Dupuis ; celle de Saint-Cyprien, 6.000 fr., à Nicolas Parton ; celle de Saint-Germain, 2.200 fr., à Jean-Baptiste Dupuis, pour Salneuve et Challeton ; celle de Naves, 22.000 fr., à François Déboudard et Brunet ; celle de Senat, 27.000 fr., aux mêmes ; celle d'Ussel, 36.000 fr., à Pierre-Gilbert-Benoît Secretain ; celle de Deneuille, 2.000 fr., à Jean-Baptiste Dupuis ; celle d'Hyds, 2.000 fr., à Gilbert Durin ; celle de Louroux - de - Beaune, 2.100 fr., à Jean Durin et Desvaux ; celle de Malicorne, 2.500 fr., à Gilbert Pailleret et Peyrot ; celle de Montvicq, 2.300 fr., à Etienne Desvaux et Michard.

### *22 frimaire an VIII*

Une vigne à Varennes, provenant de l'hôpital, adj. 525 fr. à Viallard ; un jardin, à Saint-Hilaire, prov. de la cure, 245 fr., à Antoine Fonvielle.

### *14 pluviôse an VIII*

Une vigne de 24 ares, sise à Saint-Pourçain-sur-Besbre, prov. de la cure, adj. 725 fr. à J.-B. Golliaud, de Dompierre.

### *11 thermidor an VIII*

La pièce de terre de la Croix, dépendant de la cure de Melleray, adj. 505 fr. à Claudine-Marie Jacquelot-Chantemerle, veuve Préveraud-Laboutresse; une parcelle de terre dépendant de la cure de Liernolles, 65 fr., à Beauchamp, de Saint-Léon; le pré Gabouret, à Saint-Léon, id., 340 fr., au même; le presbytère de Lurcy, 1.650 fr., à Michel Chanudet; une vigne, prov. de la cure de Bussolles, 200 fr., à Etienne Vincent; l'étang Buissonnet, à Saint-Léon, prov. de la cure de Montpeyroux, 120 fr., à Beauchamp; un pré, à Bussolles, prov. de la cure, 700 fr., à J.-B. Desgalois-Latour; une terre de six œuvrées, au clos des Gravières, à Désertines, prov. de la cure, 100 fr., à Michel Chanudet; trois pièces de vigne, au clos des Chauvardes, à Désertines, prov. de la cure, 1.050 fr., à J.-B. Laurent; une pièce de vigne au clos Bâtard, à Verneuil, prov. de la cure, 115 fr., à J. Bonnefond, de Moulins; un morceau de terrain, à Cosne, prov. de la vicairie de Montaiguët, 70 fr., à J. Collinet; un pré et une chènevière au Montet, prov. de la cure, 530 fr., à Place; un pré au Theil, prov. de la cure, 300 fr., à Gilb. Lenoir, de Moulins; une pièce de terre, à Tronget, prov. de la cure, 510 fr., à Gilb. Boutet; la maison curiale de Saint-Ennemond, 605 fr., à Guillaume-Jacques Delaire; le bois Châtaignier, à Saint-Palais, prov. de la cure, 165 fr., à J.-B. Laurent; le champ de la Croix, id., 120 fr., à Gilbert Lenoir.

### *23 thermidor an VIII*

Une ouche, à Archignat, provenant de la cure, adj. 140 fr. à Faure; le pré de Villard, id., 1.025 fr., à Bodin; le champ de la Fontille, id., 210 fr., à Chanudet; le pré du Bouet, id., 150 fr., à Laurent; le pré Babot, id., 100 fr., à Chanudet; la locaterie du Moulin, à Thionne, 2.200 fr., au même; la locaterie Chaillot, id., 615 fr., au même; le champ de la Croix, id., 310 fr., au même; un journal de vigne, à Neufglise, 75 fr., au même; trois pièces de terre, à Vaumas, prov. de la cure, 1.300 fr., à Burelle; trois autres pièces de terre, à Vaumas, id., 315 fr., à Anne Conny, des Millières; une vigne à la Chapelaude, 1.500 fr., à Bodin.

### *Vente à la folle enchère du 6 fructidor an VIII*
### *(sans désignation d'origine)*

Le pré de la Place, à la Chapelaude, adj. 540 fr. à Michel Chanudet; le champ de la Croix, id., 410 fr., à Gabriel Faure, de Moulins; le grand champ des Chenilles, id., 535 fr., à Gilb. Lenoir; le pré de la Porte, id., 555 fr., à Gilb. Vilatte-Coutinet; deux pièces de terre, appelées les Fonts-Matelains, id., 200 fr., à Gilb. Lenoir; le pré des Combes, à Huriel, 60 fr., à Michel Chanudet; l'ouche appelée la Mouline, id., 30 fr., à G. Lenoir; une terre appelée les Riaux-Giraud, avec le pâturail Fermier, à Saint-Christophe, 320 fr., à Michel Chanudet; la locaterie de la Loge, à Chevagnes, 2.475 fr., à Gabriel Faure; le domaine des Milets, id., 15.000 fr., à Anselme Chenaux, agent de la Compagnie Bodin; une pièce de terre, à Yzeure, 725 fr., à Joseph Bernard; le presbytère de la commune de la Petite-Marche, 1.950 fr., au même; le bois de la Lizière, à Saint-Angel, 325 fr., à Gabriel Faure; un morceau de terrain, id., 13 fr., au

même; une pêcherie et une chènevière, à Vernusse,
50 fr., à Gilb. Lenoir; le vignoble des Termes, à
Désertines, 7.675 fr., à J.-B. Verge.


### 13 fructidor an VIII

L'église Saint - Nicolas  de  Montluçon, adj.
22.000 fr. à Chanudet, Lenoir et Bonnefond ;  le
presbytère de Louroux-de-Bouble, 32.100 fr., à Gabriel Rouderon; un bâtiment du prieuré de Marcillat, 1.100 fr., à Gabriel Meunier ; l'église de
Melleray, 1.000 fr., à Préveraud de la Boutresse ;
les halles du prieuré du Montet, 21.000 fr., à Chanudet et Lenoir; la vicairie d'Yzeure, 24.000 fr., à
Aymard.


### Vente à la folle enchère du 19 fructidor an VIII

Le champ des Tourates, autrement dit Château-
Gaillard, à Bizeneuille, adj. 700 fr. à Michel Chanudet; une septerée de terre à Malicorne, 250 fr.,
au même; le pré du Mas, à Chamblet, 1.050 fr., à
J.-B. Dupuis; 24 œuvres de vigne à Saulx, 4.440 fr.,
à Michel Chanudet ; le pâturail de la Croix, à
Teillet, 425 fr., à Gilb. Lenoir ; 16 journaux de
vigne, au clos de l'Hôpital, à Montluçon, 1.400 fr.,
à Chanudet; les terres des Riats et Montascaux, à
Tronget, 725 fr., à René Dumas ; la chapelle de
Saint-Blaise, à Saint-Didier-en-Donjon, prov. des
Bénédictins de Paray-le-Monial ; une chaume de
7 ares ½, et un pré, dépendant de la cure, 100 fr.,
à Hélène-Marguerite Préveraud; une maison et un
champ de près de deux hectares, à Bellenaves, prov.
du prieuré de Villard, 3.100 fr., à Pierre Colon ;
trois petites maisons, situées au village de Villars-
les-Bois, commune de Coutansouze, même provenance, 855 fr., à Gilb. Lenoir, pour Gabriel Duranton, Léonard Défrêtières et Guillaume Pinel ; la

terre de la Boire, à Vesse, 220 fr., à Jean Lebreton ; le pré de Saint-Etienne, à Saint-Angel, 1.125 fr., à Michel Chanudet ; un petit taillis et deux pièces de terre, id., 330 fr., à Gabriel Faure ; le pré Lafond, à Vaux, 505 fr., à Gilbert Paquier ; le pré d'Argigny, à Bizeneuille, 160 fr., à Michel Chanudet ; une pièce de vigne, à Saulzet, 205 fr., à René Dumas.

### 24 fructidor an VIII

Le vieux presbytère de Saint-Didier, adj. 420 fr. à Gilbert Lenoir.

### 4e jour complémentaire de l'an VIII

Le presbytère de Lignerolles, adj. 1.100 fr. à Pierre Ducher ; celui de Bellenaves, id., 3.500 fr., à Secretain ; celui d'Echassières, 1.300 fr., à Gilbert Buvat.

### 15 brumaire an IX

Une pièce de terre en chaume, à Pouzy, provenant de la fabrique, adj. 405 fr. à Gilbert Lenoir ; un morceau de terre (bien communal), à Ainay-le-Château, 250 fr., à Michel Chanudet.

### 29 frimaire an X

L'église de Saligny, adj. 300 fr. à Gilbert Lenoir.

# TROISIÈME PARTIE

# VENTE, AU DÉPARTEMENT,

## Des Biens Nationaux Immobiliers

### DE DEUXIÈME ORIGINE

---

*6 messidor an IV*

Le bois Maitre, de 108 arpents, sis à Paray-le-Frésil, provenant de

**l'émigré Condé,**

Adj. 7.843 fr., à Jean-Joseph-Martin Radot.

Une pièce de terre de 55 boiss., à Diou, prov. de

**Fonteste, émigré,**

Adj. 891 fr., à Jean Bernachez.

*7 messidor an IV*

Un canton de bois de 70 arpents, sis à Gennetines, prov. de

**Coiffier de Moret, émigré**

Adj. 8.400 fr., à Jean Dupuis.

*15 messidor an IV*

Le vignoble et les dépendances de la Petite-Queusne, à Neuvy, prov. de

**l'émigré Legros**

Adj. 7.880 fr., à Aujouanet aîné.

Une forêt de 100 arpents, à Saint-Pourçain-sur-Besbre, prov. de

### l'émigré Condé

Adj. 8.800 fr., à Claude Saulnier, officier de santé à Dompierre.

*21 messidor an IV*

Un tènement de bois appelé les Brosses-de-Diou, de 500 arpents, prov. de

### l'émigré Condé

Adj. 22.000 fr., à Jean Bernachez aîné.

*27 messidor an IV*

Une maison à Moulins, sise rue des Corroiries, prov. de

### l'émigré Farjonel

Adj. 27.000 fr., à Gilbert Jaladon, receveur général du département de l'Allier.

*3 thermidor an IV*

Un bois appelé les grands et les petits Champagnes, de 223 arpents, prov. de

### l'émigré Chabannes

Adj. 44.000 fr., à Sébastien Couchard, receveur de l'enregistrement.

Une maison et un jardin, à Montmarault, prov. de

### l'émigré de Bartillat

Adj. 2.345 fr., à Jacques-Emmanuel Gaultier-Bellefond.

*4 thermidor an IV*

Le vignoble du Montais, sis à Domérat, prov. de

**l'émigré Dancinay**

Adj. 5.769 fr., à J.-François Guillomet, de Passat.


*6 thermidor an IV*

Plusieurs pièces de terre des Vesvres, situées à Saint-Menoux, prov. de

**l'émigré Renaud de Boisrenaud**

Adj. 14.410 l., à Gilbert Desbordes, de Saint-Menoux.

Une maison, à Montluçon, prov. des

**émigrés Bellair**

Adj. 8.550 fr., à Gilbert Jaladon.


*11 thermidor an IV*

La terre de Montassiégé, sise à Néris, prov. de

**l'émigré Androdias Murolles**

Adj. 64.144 fr., à Gilbert Thonier, de Cosne.

Un grand corps de bâtiment, situé à Chantelle, prov. de

**l'émigré Condé**

Adj. 7.200 fr., à René-Germain Petit.

### *16 thermidor an IV*

La boire des Raymonds, prov. de

**l'émigré Legros**

Adj. 440 fr., à Barthélemy Verd.


### *18 thermidor an IV*

Le moulin de Beauvoir, 18 coupées de terrain en chaume, un pré de trois quartonnées, une terre de deux quartonnées, un étang, cour et jardin, à Billezois, prov. de

**l'émigré Baillard de Troussebois**

Adj. 6.536 fr., à Jean-Marie Ducray.

Deux petites pièces de terre de 3 boisselées, à Villeneuve, prov. de

**l'émigré Coiffier de Moret**

Adj. 154 fr., à Jacques Lomet.

Un taillis de 9 arpents, à Sussat, prov. de

**l'émigré Cadier de Veauce**

Adj. 1.200 fr., à Simon Emelin.


### *19 thermidor an IV*

Une pièce de terre de 30 boiss., sise à Molinet, prov. de

**l'émigré Cossé Brissac**

Adj. 1.210 fr., à Jean Baudot.

*22 thermidor an IV*

La locaterie du parc de la Chaussière, sise à Vieure, prov. de

**l'émigré Mascarany Maubec**

Adj. 926 fr., à J.-Claude Mauguin.

*23 thermidor an IV*

Un moulin, sis à Néris, prov. de

**l'émigré de Dreuil**

Adj. 15.548 fr. 15, à Pierre Duché, de Lignerolles.

Le tiers des biens revenant à la Nation, sis à Broût, et prov. de

**l'émigré Barthomivat de Labesse**

Adj. 66.021 fr. 75, à Claude Bellavoine.

Un taillis au Rez-de-Montcoquet, à Vesse, prov. de

**Clermont Mont-Saint-Jean, émigré**

Adj. 8.900 fr., à Pierre Gaultier, de Châtel-Montagne.

*29 thermidor an IV*

Un étang sis à Chappes, appelé Saint-Palais, prov. de

**l'émigré Croy**

Adj. 660 fr., à Jean Devaux-Malvaux.

*1ᵉʳ fructidor an IV*

Un domaine appelé Grand-Bord, situé à Bize-neuille, prov. de

**l'émigré Robin Belair**

Adj. 15.430 fr., à Antoine Chomet.

*3 fructidor an IV*

Une maison sise à Pierrefitte, prov. de

**l'émigré Duplessis**

Adj. 585 fr., à Ballon.

*7 fructidor an IV*

Un bois taillis appelé les Feuillets, de 30 arpents, sis à Saint-Ennemond, prov. de

**l'émigré Condé**

Adj. 2.970 fr., à Gilbert Defoy.

*13 fructidor an IV*

Une maison appelée la Ferme, située à La Palisse, prov. de

**l'émigré Chabannes**

Adj. 18.480 fr., à Sébastien Couchard, receveur de l'enregistrement à Moulins.

*15 fructidor an IV*

Un bois taillis appelé les Vesvres, de 180 arpents, situé à Burges-les-Bains, prov. de

**l'émigré Renaud de Boisrenaud**

Adj. 12.795 fr., à Gilbert Desbordes.

*19 fructidor an IV*

Une partie d'une maison, sise à Cusset, appartenant à

**l'émigré Veytard**

Adj. 2.377 fr., à Jean et François-Joseph Veytard, de Thiers.

Une bruyère de 60 boiss., appelée la Loueuse, à Vieure, prov. de

**l'émigré Mascarany Maubec**

Adj. 361 fr., à Gilbert Caquet, de Cosne.

La locaterie de la Fay, sise à Cérilly, prov. de

**l'émigré Mulatier de la Trollière**

Adj. 2.929 fr. 74, à Joseph Guillet.

*28 fructidor an IV*

La locaterie des Nisons, à Saint-Menoux, prov. de

**l'émigré Renaud de Bois-Renaud**

Adj. 6.873 fr., à Gilbert Desbordes ; la terre de Lepaud (même commune et même origine), 53.103 fr., à Pierre Thibaud, Louis et Jean Bichon.

Un bois taillis de 208 arpents et deux étangs, à Gennetines, prov. de

### l'émigré Coiffier de Moret

Adj. 29.656 fr., à Jacques Cordez, de Moulins.

*29 fructidor an IV*

Le domaine et le vignoble Ducros, sis à Domérat, prov. de

### l'émigré Dancinay

Adj. 20.442 fr. 22, à Gilbert-Bravy Jaladon et Jacques Jaladon, son frère.

*1ᵉʳ jour complémentaire de l'an IV*

Une maison sise à Montluçon, prov. de

### l'émigré Delaage

Adj. 10.080 fr., à Charles Mathieu.

*3ᵉ jour complémentaire de l'an IV*

Une pièce de terre de 15 boiss., sise à Fourilles, prov. de

### l'émigré Paul d'Ussel

Adj. 374 fr., à Pierre Chavenon.

*4ᵉ jour complémentaire de l'an IV*

Une œuvre de vigne, sise à Saulcet, prov. de

### l'émigré Heulhard Fabrice

Adj. 170 fr. 72, à François Mouraud.

*3 vendémiaire an V*

Le domaine de Mariol, à Creuzier-le-Neuf, prov. de

**Louis de Pont, père d'émigré**

Adj. 13.474 fr. 75, à Jean Ponthenier.

*5 vendémiaire an V*

Un vignoble, à Saint-Victor, prov. de

**Deschamps de Verneix, émigré**

Adj. 8.926 fr., à Jean-Baptiste Vauvray.

*10 vendémiaire an V*

Un pâturail de 3 boiss., sis à Estivareilles, appelé le pâturail de la Butte, prov. de

**l'émigré Lambertye aîné**

Ad. 220 fr., à Charles Thévenet, notaire à Montluçon.

*11 vendémiaire an V*

Un pacage et une saussaie, de 15 boiss., à Vicq, prov. de

**l'émigré Marcellange**

Adj. 660 fr., à Antoine Tessot.

*18 vendémiaire an V*

45 boiss. de terre, situées au champ des Os, à Bagneux, prov. de

**l'émigré Legros**

Adj. 385 fr., à Jean Martinat.

*27 vendémiaire an V*

Une locaterie, sise à Creuzier-le-Vieux, prov. de

**l'émigré Depont**

Adj. 4.414 fr., à Jean-Baptiste Duchon, de Cusset.

*28 vendémiaire an V*

Un bois taillis, dit Creux-du-Renard ou bois d'Aiguillons, à Cerezat, prov. de

**l'émigré Chauvigny**

Adj. 2.420 fr., à Pierre Duranton; une pièce de terre de 8 quartonnées, commune de Cusset, id., 352 fr., au même.

*5 brumaire an V*

Un bois taillis, appelé Saint-Pey, à Saint-Marcel, prov. de

**l'émigré Condé**

Adj. 1.166 fr., à André Martinet, de Marcillat.

Une terre, sise au terroir du Pavé, près Cusset, et deux autres quartonnées de terre, à la Croix-des-Renards, près Vichy, prov. de

**l'émigré Auguste Depont**

Adj. 2.310 fr., à Jean-Baptiste Duchon.

*15 brumaire an V*

Un vignoble, à Saint-Victor, prov. de

**l'émigré Garreau Buffeix**

Adj. 6.595 fr., à Marien Maginat, de Pionsat.

*18 brumaire an V*

La locaterie de la Lizière, de 8 œuvres, à Bagneux, prov. de

**l'émigré Legros**

Adj. 292 fr., à Durand Duclos, épicier, à Moulins.

Une maison, à Montluçon, prov. de

**l'émigré Laroche**

Adj. 5.760 fr., à Benoît Pinthon, pour le citoyen Thévenet.

*29 frimaire an V*

Une terre de 24 boiss., à Mesples, prov. de

**l'émigré Croy**

Adj. 528 fr., à Marien Thomas.

*17 nivôse an V*

Des bois de 60 arpents, à Saint-Ennemond, prov. de

**l'émigré Condé**

Adj. 2.970 fr., à Jacques Mousset; le bois des Brosses, à Saint-Ennemond, du même, 2.970 fr., au même.

*27 nivôse an V*

La terre de l'Ecluse, à Neuilly-le-Réal, consistant en une maison de réserve, les domaines Vert-Pré, Michet, Chatard, Montèche, Fèvre et Berthomiers, une tuilerie, les locateries Fèvre, Lavaux et Payeton, une maillerée à draps et une maillerée à écorces, le tout provenant de

### l'émigré Roy de Lécluse

Adj. 120.474 fr. 70, à Marie-Madeleine Roy de l'Ecluse.

*28 nivôse an V*

Les domaines Cruelle et de la Petite-Saulnière, à Vicq et Veauce, prov. de

### l'émigré Cadier de Veauce

Adj. 15.654 fr. 85, à Louis Boyer, serrurier, tuteur des mineurs de Veauce.

*4 pluviôse an V*

Le domaine des Bauzet, à Trezelles, prov. de

### l'émigré Hautier de Villemontais

Adj. 35.500 fr. à Hippolyte Gémois, de Moulins.

*29 pluviôse an V*

La locaterie des Arbres, à Saint-Caprais, prov. de

### l'émigré Rochedragon

Adj. 1.295 fr. 40, à J.-François Rochedragon, comme père et tuteur de Henry Rochedragon, son fils.

Une maison et un champ de 35 boiss., à Louroux-sur-Courjet, prov. de

### l'émigré Coiffier de Verfeux

Adj. 603 fr., à Pierre Petitjean.

### *6 germinal an V*

Une maison, à Louchy, prov. de

**l'émigré Biotière**

Adj. 3.836 fr., à Amable Ferrier et Jean Desro-
lines.

### *11 germinal an V*

Une terre, à Vicq, prov. de

**l'émigré Marcellange**

Adj. 198 fr., à Benoit Lamiral.

La réserve du domaine des Péchins, à Néris,
prov. de

**l'émigré Ségonzac Champigneut**

Adj. 3.456 fr. 70, à Paul-Joseph Deplaigne,
officier de santé à Montluçon.

### *22 germinal an V*

La locaterie Dupont, à Sanssat, prov. de

**l'émigré Edouard des Ecures**

Adj. 6.394 fr., à Etienne Fournier.

Le pré Vieux et le max de terre appelé le Terrier-
Pointet, sis à Viplaix, prov. de

**l'émigré de Croy**

Adj. 1.078 fr., à Jean Devaux-Malvaux.

*23 germinal an V*

Terres, prés et vignes, à Argentières, prov. de

**l'émigré Maugenest**

Adj. 3.158 fr., à J.-François Guillomet.


*6 prairial an V*

Deux dix-huitièmes portions dans la totalité de la terre de Nades, prov. des

**émigrés Jacques Geau de Rouvray
et Gabrielle Geau de Rouvray, femme d'émigré**

Adj. 19.613 fr. 81, à Edme Gauthier, demeurant à Clichy.


*29 thermidor an V*

Les portions revenant à la Nation dans les terres de Chéry, à Souvigny et Besson, prov. des

**émigrés de Lichy**

Adj. 39.168 fr. 79, à Jean Patissier, de Besson.


*15 fructidor an V*

La quatrième portion de la totalité de la terre de Ferrières, prov. de

**Marie-Anne Douet, femme Aupoux-Lamassey,
émigrée**

Adj. 70.871 fr., à Jacques Boisrot.

*16 fructidor an V*

Trois pièces de terre, sises à Ouches, prov. de

**l'émigré Dancinay**

Adj. 726 fr., à Pierre Duchet.


*12 brumaire an VI*

Le petit domaine du Boucheroux, à Saint-Sauvier, prov. de

**l'émigré Legroing fils**

Adj. 10.276 fr., à Léonard Troubat, de Treignat.


*11 nivôse an VI*

Le grand domaine du Boucheroux, à Saint-Sauvier, prov. de

**l'émigré Legroing fils**

Adj. 12.767 fr., à Charles Biesse.


*15 ventôse an VI*

Un domaine à Château-sur-Allier, prov. de

**l'émigré Cadier de Veauce**

Adj. 561.000 l., à J.-B. Loret; une locaterie, id., 103.000 l., au même; le pré Gonin, id., 111.400 l., au même.


*24 ventôse an VI*

Le troisième lot échu à la Nation dans les biens de

**l'émigré Loubens de Verdalle**

à Saint - Pourçain - sur - Sioule, adj. 5.434 fr., à Mosnier-Chapelle, de Saint-Pourçain.

*7 germinal an VI*

Le domaine des Chaumes, sis à Vieure, prov. de

**l'émigré Mascarany Maubec**

Adj. 14.748 fr., à Mauguin, de Souvigny.

*8 germinal an VI*

Le domaine des Larmiers, à Saligny, prov. de

**l'émigré Picard du Chambon**

Adj. 450.800 fr., à Toussaint Betin.

Une locaterie, à Luneau, prov. de

**Paroy Lurcy, émigré**

Adj. 2.700 fr., au même; une pièce de terre en pacage, id., 6.200 fr., à Pierre Dumarest-Lavalette, pour Toussaint Betin; une vigne de 18 œuvres, id., 45.200 fr., à Toussaint Betin.

Le domaine des Barons, à Pierrefitte, prov. de

**l'émigré Picard du Chambon**

Adj. 400.000 fr., à Pierre Dumarest-Lavalette, pour Toussaint Betin; le domaine du Chambon, id., 610.300 fr., au même; un autre domaine, id., 465.400 fr., à Jean Martin, négociant à Saint-Pierre-le-Moûtier; le domaine des Camelins, à Saligny, id., à Louis Taizy, commis au département, moyennant 400.065 fr.; le domaine de Lacroix, à Pierrefitte, id., 551.300 fr., à J.-B. Dupont, entrepreneur à Moulins.

### *17 germinal an VI*

Une boiss. de terre, à Diou, prov. de

**l'émigré Picard du Chambon**

Adj. 60 fr. 50, à Jean Bernachez père, à Diou.

### *28 germinal an VI*

Une maison et une terre, à Pierrefitte, prov. de

**l'émigré Picard du Chambon**

Adj. 240 fr., à François Alamartine, notaire à Pierrefitte.

### *1er floréal an VI*

Une terre labourable, située à Montmarault, prov. de

**l'émigré Jehannot de Bartillat**

Adj. 2.600 fr., à Majoret, Gilbert Saint-Paul et Gaume; trois autres pièces de terre, id., 13.000 fr., aux mêmes.

Un corps de bâtiment et des terres détachées, à Lapalisse, prov. de

**Jean-Frédéric de Chabannes, émigré**

Adj. 206.100 fr., à Papon.

Une pièce de terre, à Ferrières, prov. de

**l'émigré Duprat**

Adj. 3.100 fr., à Louis Richet, pour Nicolas Mure.

*5 floréal an VI*

Six pièces de terre, à Pierrefitte, prov. de

**l'émigré Gaspard du Chambon**

Adj. 1.430 fr., à Gaspard Jacquelot-Chantemerle.

*11, 12 et 25 messidor an VI*

La terre des Echerolles, à Saint-Gérand-de-Vaux, La Ferté et Monétay, confisquée à

**Giraud des Echerolles, émigré**

fut d'abord vendue partiellement. Le premier lot, composé de la réserve, des domaines des Guilleminots, des Combis, des Grands-Mériers et des Chaumes, fut adjugé 2.269.000 fr., à Claude Valleré; le domaine des Petits-Delots, 240.000 fr., à Combe, de Cusset; le domaine des Grands-Delots, 262.000 fr., à Cl. Valleré; une petite réserve, 154.000 fr., à Antoine Vidil; la locaterie des Rues, 81.000 fr., à Bourion, marchand à Moulins; la locaterie du Jault, 34.000 fr., à Combe; la locaterie des Petits-Mériers, 81.000 fr., à Bourion; deux pièces de terre, aux Echerolles, 2.900 fr., à Combe; autre pièce de terre, 1.300 fr., à Ferrand; autre pièce de terre, 1.350 fr., à Rozier; trois autres pièces de terre, 2.950 fr., à Batonnier; autre pièce de terre, 6.000 fr., à Claude Valleré; deux autres pièces de terre, 34.110 fr., à Combe; autre pièce de terre, 650 fr., à Claude Rouzier; la terre du Chaumat, 3.000 fr., à Claude Valleré; celle du Cassoux, 8.100 fr., à Jean Moreau; le pré Cassoux, 16.100 fr., à Combe.

Les ventes partielles atteignirent le chiffre de 3.198.960 fr. Claude Valleré mit alors une surenchère de 31.000 fr., et personne n'ayant misé au delà, il fut déclaré adjudicataire définitif de la terre des Echerolles pour la somme de 3.229.960 fr.(1)

### 4 thermidor an VI

La portion afférente à la Nation dans la terre de Seganges, à Avermes, prov. de

**l'émigré Dubroc**

Adj. 9.300 fr., à Marc-Antoine-Marie Dubroc.

### 7 thermidor an VI

Les terres de

**l'émigré François-Secrétain Neuville**

à Ussel et Taxat, adj. 130.000 fr., à Cellier et Jean Bonnefond.

Le domaine Neuville, à Saint-Christophe et Isserpent, prov. de

**Jean-Victor Bardonnet, émigré**

Adj. 303.000 fr., à Burelle et Beauchamp.

### 2 vendémiaire an VII

La part revenant à la Nation dans les biens de la

**citoyenne Deschamps-Lassaigne, mère d'émigré**

à Désertines, adj. 10.002 fr., à Louise-Alberte Lassaigne, de Montluçon.

(1) Cette vente fut annulée par le Gouvernement.

## 5 frimaire an VII

La terre d'Hauterive, à Saint-Gérand-de-Vaux, consistant en : le louage Moulin, les domaines des Quillerauts, des Amis, des Billards, des Roux, des Vignolats, le moulin d'Hauterive, les louages des Picandeaux, de Pierredet et des Sapins, confisqués à

### l'émigré Farjonel

Adj. 161.824 fr. 46, à Thibaud et Bichon, de Moulins.

## 15 nivôse an VII

Vente des biens prov. de

### l'émigré Giraud des Echerolles

à La Ferté, Saint-Gérand-de-Vaux et Monétay : la réserve des Echerolles et le domaine du Buisson, adj. 18.560 fr., à Jean Paradis et J.-B. Collas ; le domaine des Chaumes, 8.252 fr. 08, à Maresquier et Andrillard ; la locaterie Claude, 3.900 fr., à Etienne Desfontis ; une pièce de terre près de la vieille poste, 41 fr., au même ; la terre de la Font-Buisson, 52 fr., à Bouillier, officier de santé ; trois pièces de terre du domaine des Chaumes, 210 fr., à J.-B. Maresquier ; six pièces de terre, 181 fr., à Paradis ; une petite pièce de terre, 25 fr., à Gilbert Boucaud ; les deux tiers de trois prés indivis avec les propriétaires des domaines des Guichards, 1.200 fr., à Lougnon et Betin ; une petite pièce de terre appelée le Chaumat, à Saint-Loup, 60 fr., à Maresquier ; une pièce de terre et un pré appelé Cassoux, id., 549 fr., à J.-B. Maresquier ; la locaterie des Petits-Mériers, 1.306 fr., à Claude Jacob et Jean Jacob.

### 21 nivôse an VII

La maison du jardinier et ses dépendances, un jardin et une pêcherie, à Lapalisse, prov. de

#### l'émigré de Chabannes

Adj. 6.600 fr., à Gilbert Liandon, notaire à Lapalisse.

### 28 nivôse an VII

La réserve du Colombier, à Toulon, provenant du partage fait par la République avec la

#### veuve Farjonel, ascendante d'émigré

avec les domaines de la Cour, de Gros-Vernois, de la Motte, le vignoble des Plantés et une locaterie au bourg de Toulon, furent adjugés en totalité 65.100 fr., à Martinet, dit Boudot, pour Antoine-François-Marie Donjon, propriétaire à Arras.

### 9 pluviôse an VII

L'ancien château de Verneuil, prov. de

#### l'émigré Condé

Adj. 22.000 fr., à Garreau.

### 13 pluviôse an VII

5 quartonnées de terre à Crépin, commune de Creuzier-le-Vieux, prov. de

#### l'émigré Depont fils

Adj. 440 fr., à Duchon, de Cusset.

### *15 pluviôse an VII*

Les propriétés situées à Souvigny, Marigny, Saint-Menoux, Chavenon, etc., appartenant à la République par suite du partage fait avec

### Marie-Rose Cardon, veuve Boisrenaud, mère d'émigré

à savoir : le domaine des Grands-Vergers, adj. 15.000 fr., à Huillier, pour Cartier et Delan ; le domaine de la Méchine, 9.200 fr., à Chénebrard et Rondepierre ; la locaterie de Bomprés, 2.000 fr., à Munérat ; la locaterie de la Maison-Neuve, 2.400 fr., à Durand ; une vigne, aux Condemines, 1.200 fr., à Déchez ; le domaine des Vaux, 9.100 fr., à François Gueston ; le domaine de Coulaigne, 5.600 fr., à Boutonnet ; le domaine de la Faye et une locaterie, 6.500 fr., à François Gueston.

### *27 pluviôse an VII*

Une maison appelée le Carriage, sise à Moulins, prov. de la

### veuve Farjonel, ascendante d'émigré

Adj. 655.000 fr., à Rambourg.

### *29 pluviôse an VII*

La réserve d'Estrées et le château, à Molinet, prov. de

### Bernard d'Escrot d'Estrées, père d'émigrés

Adj. 10.557 fr., à Marc-Antoine Baudot ; le domaine de la Cour, id., 5.128 fr. 50, au même ;

les trois locateries des Boulats et le domaine
Thibault, id., 9.099 fr. 60, au même; la locaterie de
l'Invention, id., 1.156 fr. 20, à François Ferrand;
le pré dit la Grande-Prairie, id., 7.038 fr. 60, à
Berthelet et Buffenoir; la réserve du Péage, id.,
5.128 fr. 50, à Guillaume Buffenoir; le domaine du
Péage, id., 12.500 fr., à Jacques Rose; une maison
servant d'auberge au Péage, id., 1.850 fr., à Claude
Berthelet; le domaine des Lachets, id., 8.557 fr., à
Marc-Antoine Baudot; la locaterie de Fonds-de-
Sable, id., 850 fr. 40, au même; le domaine Cham-
pouret, id., 6.550 fr., à Antoine Jutier; la locaterie
du Garde, id., 1.550 fr., à Marie Charrier, veuve
Prost; le domaine Parisien, id., 4.050 fr., à Antoine
Jutier.


Une pièce de terre dite Crot-des-Grèves, à Molinet,
prov. de

### l'émigré Cossé-Brissac

Adj. 65 fr., à Jean-Baptiste Odde.


### 6 ventôse an VII


Un pré, à Bayet, prov. de

### l'émigré Fontanges

Adj. 160 fr., à M<sup>me</sup> Vernoy, veuve Fontanges, mère
d'émigré; une pièce de terre, au terroir des Gaches,
id., 480 fr., à la même; un pâturail, au terroir de
Douzon, id., 240 fr., à la même; un pré au terr. des
Graviers, id., 240 fr., à la même; un pâturail,
également au terr. des Graviers, id., 40 fr., à la
même; deux pièces de vigne au terroir des Pilattes,
id., 176 fr., à la même; une terre, au terr. du Clos,
id., 600 fr., à la même; la locaterie des Chaumes,
id., 120 fr. à la même; une terre au terr. des
Batailles, id., 1.324 fr. 80, à la même; une terre, au

terr. de la Renarde, id., 432 fr., à la même; le champ du Lache au terr. de la Rue-du-Loup, id., 230 fr., à la même; une terre au terr. des Champs-Morins, id., 160 fr., à la même; une terre, au terr. de la Préau, id., 64 fr., à la même.

La réserve de Pérassier, à Néris, prov. de

### l'émigré Lenoir-Lespinasse

Adj. 3.800 fr., à Charles Salomon; le domaine de la Cour, id., 9.000 fr., au même; un moulin au bas de la côte de Néris, id., 3.000 fr., à Sébastien Linotte et Annet Lougnon, pour M^me Lenoir, veuve Laferronnay; le domaine du Petit-Pérassier, id., 9.000 fr., à Jean-Baptiste Beaufils.


### *9 ventôse an VII*

Une maison, à Saint-Pourçain, prov. de

### l'émigré Fontanges

Adj. 100.000 fr., à Martin Guette.

Une maison, avec écurie et remise, rue des Volontaires, à Moulins, prov. de

### l'émigré Antoine Imbert de Balore

Adj. 930.000 fr., à Françoise-Marie-Sébastienne Imbert de Balore.

Une maison, rue de la Loi, à Moulins, prov. de

### Pierre Champfeu, émigré

Adj. 255.000 fr., à Champfeu.

*14 ventôse an VII*

La propriété de Contigny et autres localités, provenant du partage fait par la République avec Anne Heulhard, veuve Balore, comme représentant

### Antoine-Imbert Balore, émigré

fut vendue par lots. Le domaine de la Rue fut adjugé 16.000 fr., à Sébastienne-Marie Imbert-Balore; le domaine des Brioudes, 18.100 fr., à la même; la locaterie des Brioudes, 2.000 fr., à la même; le vignoble d'Yzeure, 8.200 fr., à la même; le vignoble de Boutelière, 10.800 fr., à la même; le vignoble des Badoines, 6.100 fr., à la même; le vignoble de la Cour, 7.900 fr., à la même ; le vignoble des Allais, 6.100 fr., à la même; le pré Sautier, 555 fr., à la même. Total : 75.755 fr.

*18 ventôse an VII*

Une tour en ruine servant de prison, à Charroux, prov. de

### l'émigré Condé

Adj. 72 fr., à Gilbert Poulain.

*23 ventôse an VII*

Le domaine des Guilleminots, à La Ferté-Hauterive et Saint-Gérand-de-Vaux, prov. de

### l'émigré Giraud des Echerolles

Adj. 8.500 fr., à Jean Paradis et Jean-Baptiste Collas; le domaine des Combis, id., 8.700 fr., à Vinatier et Sébastien Couchard; le domaine des Grands-Mériers, id., 8.300 fr., à Sébastien Linotte,

Vidil et Nicolas Jutier; le domaine des Petits-Delots, id., 7.200 fr., à Nicolas-Georges Guérillaut, professeur à l'Ecole centrale; le domaine des Grands-Delots, id., 8.100 fr., à Maresquier et Andrillard; la locaterie des Rues, id., 2.025 fr., à Jean-Baptiste Dupuy, pour Claude et Jean Jacob; la locaterie du Jault, id., 1.500 fr., à Etienne Deffontis.

### 27 ventôse an VII

Les trois locateries de Sainte-Marie, à Etroussat et Saint-Rach, prov. de

#### Claude et Jacques Girard du Rozet, émigrés

Adj. 9.900 fr., à Antoine Girard, du Rozet; la locaterie du Pavillon, id., 6.000 l., à Durozet l'aîné et Barthélemy Verd; la première locaterie des Pacauds, id., 6.000 fr., à Jean-André Lemoine; la deuxième locaterie des Pacauds, id., 6.000 fr., à Jean-Baptiste Dupuy; la locaterie de la Chaume, id., 4.150 fr., à la veuve Girard, du Rozet; la locaterie de la Verdure, id., 5.150 fr., à Barthélemy Verd; le domaine de la Chaume, id., 10.200 fr., à la veuve Girard, du Rozet; le domaine de Belle-Chaume, id., 12.100 fr., à Barbat-Duclozel fils; le domaine du Petit-Bon, id., 6.600 fr., au même; la locaterie des Mazeaux, id., 4.100 fr., au même; le domaine de Beauchatel, id., 8.000 fr., au même; les quatre locateries de Sainte-Marguerite, id., 19.200 fr., à Antoine Girard, du Rozet.

### 6 germinal an VII

La propriété de Champagnat, la locaterie Dayat, la locaterie de Champagnat, 162 ares de vigne, à Creuzier-le-Vieux et Cusset, prov. de

#### l'émigré Auguste Depont

Adj. 31.600 fr., à François Givois, Papon et Rodde;

la locaterie d'Usseau, à Crépin, id., 8.450 fr., à
Touzin, Lomet et Gonin; la locaterie des Bourins,
à Vichy, id., 6.100 fr., à Hugues Givois, pour
M<sup>me</sup> Depont.

Le domaine du Plaix, à Bayet, prov. de

### l'émigré Pierre-Claude Dorat

Adj. 8.050 fr., à Théodore Petit; le petit domaine
du Plaix, id., 5.600 fr., à Etienne Desfontis;
2.630 ares de terre, id., 3.225 fr., à Ambroise Dorat;
le pré Sibus, id., 500 fr., à Jean-Baptiste Dupuy;
le bois du Plaix, id., 2.625 fr., à Théodore Petit;
le champ des Batailles et la chaume de l'Orme, id.,
400 fr., à Quintien et Ambroise Dorat.


### 9 germinal an VII

Une maison avec cour et jardin, à Cusset,
prov. de

### l'émigré Depont

Adj. 610.000 fr., à Etienne Desfontis.


### 12 germinal an VII

La réserve de Vieure et le domaine des Barbau-
dières, le champ de la Balaite et un petit taillis, à
Chamblet, prov. de

### l'émigré Lebel-Duplot

Adj. 8.550 fr., à Claude Lebel-Duplot.

Une terre et deux pièces de vigne, à Saint-Victor,
prov. de

### Joseph-Jacques Deschamps, émigré

Adj. 120 fr., à Jacques Deschamps.

Le domaine des Boursons, à Contigny, prov. de
**l'émigré Gillet**

Adj. 8.000 fr., à François-Pierre Gillet.

Le domaine du Breuil, à Pierrefitte, prov. de
**l'émigré Julien du Breuil**

Adj. 9.150 fr., à François Cormois, de Paray, et René Préveraud.

Le domaine de Larras, à La Ferté-Hauterive, prov. de
**l'émigré Mallet**

Adj. 4.050 fr., à Pierre Collin.

### 14 germinal an VII

La cinquième portion d'une maison, à Moulins, prov. de
**l'émigré Ducléroir**

Adj. 3.240 fr., à Louis Charles, de Moulins.

### 16 germinal an VII

Le domaine de Corret, prov. de
**l'émigré de Croy**

Adj. 7.622 fr., à Philippe-François Desmarest.

### 17 germinal an VII

L'isle du Veurdre, prov. de
**l'émigré Renaud de Boisrenaud**

Adj. 3.520 fr., à Pierre Riboutet.

### *19 germinal an VII*

Le domaine de Viégny, à Saint-Palais, prov. de

**l'émigré Magnac**

Adj. 10.176 fr. 50, à Gabriel-Sophie-Claire-Eulalie et Marie-Joseph Magnac.


### *23 germinal an VII*

Le domaine de Bord, à Yzeure et Toulon, prov. de

**François-Xavier Bodinat, émigré**

Adj. 5.450 fr., à Brunet-Latour; le taillis des Nérauds, de 5 hectares, id., 350 fr., à Jean-Louis Bodinat; le vignoble Dormeblain ou du Lièvre, à Avermes, id., 4.000 fr., à Pierre Thibault.

Le domaine Baudet, à Vannas, prov. de

**Pierre Préveraud, émigré**

Adj. 7.000 fr., à M\u1d50\u1d49 Conny, des Millières; le pré Saly, adj. 1.600 fr., à Blaise Deguet, de Saint-Léon.

Le domaine de la Jonchère, à Senat et Saint-Bonnet-de-Bellenaves, 5 pièces de terre à Naves et la locaterie de Tizon, prov. de

**Lapelin, père d'émigrés**

Adj. 6.450 fr., à Jean-Baptiste Lapelin.


### *26 germinal an VII*

Une maison dépendant de Fognat, commune de Bellenaves, prov. des

**émigrés Lapelin**

Adj. 4.650 fr., à Lapelin père.

Une maison, à Burges-les-Bains, prov. de

### l'émigré Charton

Adj. 150.000 fr., à Gonin et autres.

*28 germinal an VII*

Le domaine des Moulières, à Bourbon-l'Archambault, prov. de

### l'émigré Charton

Adj. 9.150 fr., à Jean Gonin, Michel Collin et Louis Lomet; le vignoble des Plantés, id., 2.000 fr., aux mêmes.

Le moulin Lépinoux, à Theneuille, prov. de

### l'émigré Legroing

Adj. 6.000 fr., à Alexis Duchier et Joseph Juillet; partie du domaine de la Touratière, id., 1.375 fr., à Georges-Louis Ripoud et Pardoux-Duvernet ; le domaine Bouyolle, à Saint-Plaisir, 4.025 fr., à Michel Collin, Gonin et Lomet; la locaterie Bouteronne, id., 325 fr., à Jacques Lomet, Jean-Louis Lomet et Michel Collin.

Le vignoble du Péronny et le domaine Lapratte, à Bizeneuille, prov. de

### l'émigré de Dreuil

Adj. 6.175 fr., à François de Dreuil.

La locaterie Thévenin, à Sanssat, prov. de

### l'émigré Tonnelier des Quiliers

Adj. 6.800 fr., à Pierre Moulin ; la locaterie d'Artivière, id., 850 fr., à Jean Mandon ; autre

locaterie de même nom, id., 525 fr., à François
David ; deux pièces de terre au lieu de la Verpil-
lière, id., 850 fr., à Emmanuel David ; six pièces de
terre au terroir de Genat, une pièce de terre près
la locaterie Thévenin, deux pièces au terr. de
Chassin, le pré du Moulin-Gobertière, la terre de
Fourifle, un petit pré, id., 7.850 fr., à Pierre Moulin ;
trois pièces de terre au terr. de Chassaigne, le pré
Rigaudot et la terre du Petit-Partu, à Saint-Étienne-
du-Bas, id., 965 fr., à François Papon-Lameigné ;
les locateries de la Font, Gilles et Cinçonnette,
30 ares de vignes et terres au terr. de la Crose,
90 ares de vignes appelées les Plantées, à Langy,
id., 6.750 fr., au même ; la terre des Condriers et
Champlourd, id., 1.475 fr., à Jean Mandon ; 3 pièces
de terre au champ Rousseau, le pré des Prosts ou
Burnin, une pièce de terre au terr. des Fugerins,
une terre au terr. de Montelier, id., les quatre
neuvièmes dans les broussailles de Créchy appelées
les Vouzelles, les Jurassons et la Charbonnière, id.,
3.775 fr., à François Papon-Lameigné.

### 2 floréal an VII

Le domaine de la Foultière, prov. des

#### émigrés Lagoutte

Adj. 14.229 fr. 45, à Barthélemy Esminjaud, de
Moulins.

### 3 floréal an VII

La réserve et le domaine du Croc, à Domérat,
prov. de

#### l'émigré Dancinais

Adj. 10.600 fr., à Philippe-François Desmarets ;
le domaine de la Basse-Cour, à Ouches, id., 5.000 fr.,
à Jean-Baptiste Verge.

Les domaines des Anglais et des Grands-Champins et la locaterie des Petits-Champins, à Dompierre, prov. de

### l'émigré François-Xavier Bodinat

Adj. 11.900 fr., à Louis Bodinat.

Le domaine de Chatillon, à Vieure, prov. de

### l'émigré Champfeu

Adj. 3.600 fr., à Joseph Franque et Bravy-Gilbert Jaladon.

### *6 floréal an VII*

Les domaines des Moulins, du Breuil, des Ville-taux, de la Forêt, du Bouis, à Terjat; le domaine de Lacaux, à la Petite-Marche; les domaines de Villenette, de Ranciat; le taillis des Cheviches, à Saint-Priest-de-l'Harpe; trois pièces de terre déta-chées, le pré Vaisaux, celui de la Cure, à Arpheuilles-Saint-Priest, prov. de

### Chévenon-Bigny, père d'émigré

Adj. 48.900 fr., à Balthazard Chévenon-Bigny.

### *12 floréal an VII*

Une maison, à Montluçon, prov. de

### l'émigré Chévenon-Bigny

Adj. 405.000 fr., à Chévenon-Bigny.

Une écurie, place des Toiles, à Montluçon, prov. de

### l'émigré Dancinais

Adj. 24.500 fr., à François Giganon.

### 14 floréal an VII

La réserve et le domaine du Tremblay, les locateries Griffet, Pinaud et Lachassaigne, à Billy, prov. des

### frères de Fradel, émigrés

Adj. 23.925 fr., à M$^{me}$ du Saulzay, veuve de Fradel.

Le domaine des Gouëts et la locaterie des Gouëts, à Cognat, prov. de

### Lenoir-Lespinasse, émigré

Adj. 12.725 fr., à M$^{me}$ Lenoir, veuve Laferonnaye ; le domaine des Gots, à Serbannes et Vozelle, id., 9.000 fr., à la même.

### 16 floréal an VII

La réserve d'Hauterive, prov. de

### Farjonel, émigré

consistant en : une maison construite en pierres de taille et briques, couverte en ardoises ; une maison pour le vigneron, un verger de 4 boiss., les champs Galletas, les prés de la Longe, les pâturaux de Gaterepot et Bourbier, l'étang Vauvrillon, à Saint-Gérand-de-Vaux, adj. 50.046 fr., à Jacques Leyniers.

### 14 prairial an VII

Les portions afférentes à la Nation, par suite du partage avec

### Célestine-Pierre Saincy, femme Duprat, émigrée

consistant en : une maison à Moulins, section Liberté ; le domaine de la Grande-Vallée, à Saint-

Pourçain-Malchère; le louage du Bost, la locaterie du Goulleray, le domaine de Malvaux, la locaterie des Ris, la loge de la Cane, à Paray-sous-Briailles, avec les loges Monsecours et le Cottais, le canton de bois appelé le Feuilloux, à Saint-Pourçain-sur-Sioule *extra muros*; les bois de Fournouze, Moulin et Fromenteau, et une partie du domaine de Villefranche, appartenant à la République, adjugés en totalité 70.441 fr. 40, à Nicole-Jérôme-Pierre Saincy, femme de Charles-Andras Poizeux, et Gabrielle-Catherine-Pierre Saincy, femme de Claude-Antoine-Joseph Chardon.

### 15 messidor an VII

Une maison, à Moulins, prov. de

### Lenoir-Lespinasse, émigré

Adj. 1.220.000 fr., à Vidil et Jean-Baptiste Dupuy.

### 29 messidor an VII

Le moulin du Verd, à Mesples, prov. de

### l'émigré de Croy

Adj. 2.625 fr., à Jean Nizerolle, de Saint-Sauvier.

Le bien de Roche, à Aubigny, prov. de

### l'émigré Champfeu

Adj. 18.500 fr., à Pierre-Jacques Champfeu, de Moulins.

*6 thermidor an VII*

Une maison, à Moulins, rue des ci-devant Augustins, prov. de

### Des Ulmes de Torcy, émigré

Adj. 355.000 fr., à Paul-Antoine Vidil, huissier.

*12 thermidor an VII*

La locaterie de la Maison-Neuve et celle de la Corne-de-Bouc, à Couzon, prov. de

### l'émigré Le Borgne

Adj. 1.230 fr., à Pierre Grand; le moulin de Luçay, à Agonges, id., 2.350 fr., à Antoine Bussonnet.

Les domaines des Carcoussets et de Montigny, à Garnat; celui de Pennier, à Beaulon, prov. de

### l'émigré Des Ulmes de Torcy

Adj. 27.575 fr., à Pierre Grand; les domaines des Nérondats, à Garnat, et de Mauprais, à Beaulon, id., 10.625 fr., à Benoît Louvrier ; la locaterie Bachat, à Beaulon, 425 fr., à Claude Meniaut.

*25 fructidor an VII*

Le pré Seullé, les terres des Preniers, la Croix-d'Aupard, les Brandes, les Côtes-de-Gazat, les Gournites, de Gazan, de Sceaux, à Domérat, prov. de

### Du Ligondès, émigré

Adj. 1.330 fr., à Clotilde du Ligondès.

Une locaterie composée d'une maison pour le garde, d'un jardin, de deux hectares de terre, à Quinssaines, prov. de

### Mme Demestre, épouse Jehannot de Bartillat, émigrée

Adj. 310 fr., à J.-B. Dupuy; le domaine de la Mazerolle et le vignoble de la Brosse, à Domérat, 8.100 fr., au même.

Une pièce de vigne, à Urçay, prov. de

### l'émigré Mangin

Adj. 725 fr., à J.-B. Bonnichon.

### *4 brumaire an VIII*

Les biens échus à la Nation dans la succession de

### Claude Girard, émigré

sis à Périgny, adj. 24.825 fr. 50, à Charles Girard, de Saint-Gérand-le-Puy. Ces biens consistaient en : le domaine des Petites-Brosses, les locateries de la Brosse et de Saute-Gournaude, et la terre du Moulin.

### *18 frimaire an VIII*

La réserve de Gennetines, à Saint-Plaisir, prov. des

### émigrés Mayeul et Robert Bosredon

Adj. 2.525 fr., à Jacques Vindrinet; les domaines de Tilly et de Gennetines, id., 5.750 fr., à Victor Bodin; les domaines de la Flanderie et de la Petite-Taupinière, à Couleuvre, id., 3.700 fr., à François Paon; le domaine de la Chevretière et la

locaterie de la Chevretière, à Lurcy-le-Sauvage, id.,
5.290 fr., à Jacques Petitjean ; le domaine de
Buffère, id., 3.300 fr., à Victor Bodin; la locaterie
de Chez-Bonat, id., 620 fr., à J.-Marie Berrier;
la locaterie du Point-du-Jour, id., 300 fr., à Jacques
Vindrinet.

### 6 nivôse an VIII

Les biens échus à la Nation d'après la succession
de

### Claude Deschamps-Bisseret, ascendant d'émigré

à Néris, Montluçon, Durdat et autres communes.
Ils consistaient en : les domaines de Sainte-Agathe,
des Choirses, de la Chezelle, le vignoble Sous-Saint-
Jean, une maison à Montluçon, rue des Serruriers;
un magasin, des bois et des bestiaux. Le tout fut
adjugé 53.954 fr. 25, à Augustin et Gilbert Mage,
Nicolas Piquand et André Béchonnet.

### 8 nivôse an VIII

Le domaine de la Porte-du-Cluzeau, trois vignobles avec caves et celliers, à Estivareilles, prov. des

### frères Lambertye, émigrés

Adj. 12.010 fr., à Victor Bodin; les bâtiments du
Cluzeau, id., 860 fr., à Gilbert Perethon-Durocher;
deux prairies dépendant du domaine du Cluzeau,
id., 3.320 fr., à François Favières.

### 14 pluviôse an VIII

Les domaines de Fourchand et de Chambord, à
Neuilly-le-Réal, prov. des

### frères Brossard, émigrés

Adj. 6.250 fr., à la veuve Brossard.

Le domaine du Ménage et le bois des Breuillats, à Château-sur-Allier, prov. de

### l'émigré Amable Cadier de Veauce

Adj. 7.675 fr., aux mineurs Cadier de Veauce; l'étang Robin, le pré de la Darlaude, les prés Maluchet et de la Hoste-de-la-Fond, id., 2.450 fr., à Jean-Baptiste Parent; la locaterie Maluchet, id., 1.525 fr., aux mineurs Cadier de Veauce; la locaterie des Bruyères, id., 1.525 fr., à Jean-Baptiste Huet.

La locaterie du Moulin-Neuf, la terre du Marais et une parcelle de terre à Maupertuis, commune de Bègues, prov. des

### frères du Ligondès, émigrés

Adj. 2.150 fr., à Clotilde du Ligondès.


### *19 messidor an VIII*

Vente par le préfet : 1° du domaine Quéribet ou Lafontaine et d'un petit bois taillis, circonstances et dépendances, le tout situé commune de Périgny, au profit de la citoyenne Desgaudières, veuve Girard, demeurant à Saint-Gérand-le-Puy, pour la somme de 8.725 fr.; 2° du moulin Vicaire, circonstances et dépendances, situé également à Périgny, à la même veuve Girard, moyennant 2.100 fr.


### *19 fructidor an VIII*

L'auberge de l'Ecu, à Saint-Gérand-le-Puy, avec jardin et dépendances, provenant du partage des biens de

### M^me veuve Girard, née Desgaudières

avec la République.

Adj. 5.075 fr., à Jean Faverot.

*24 fructidor an VIII (vente à la folle enchère)*

La réserve du Croc et le grand domaine du Croc, à Domérat, adj. 7.983 fr., à Jacques et Bravy-Gilbert Jaladon ; le grand domaine Duplaix, à Bayet, 4.224 fr., à Hatier-Harpeux ; le bois Duplaix, id., 600 fr., au même ; le petit domaine des Mouillères, à Bourbon-l'Archambault, 13.500 fr., à J.-B. Laurent ; le vignoble des Plantés et une loge, 3.525 fr., au même ; la locaterie Bouteronne, à Saint-Plaisir, 500 fr., à Jean Bonnefond.

*4ᵉ jour complémentaire de l'an VIII*

Le domaine des Chezeaux, à Couzon, prov. de

**l'émigré Le Borgne**

Adj. 13.200 fr., à Bodin.

*15 brumaire an IX*

Une vigne dans l'enclos Barbaud, la terre appelée Beaubard, une portion de l'étang des Barbauds, un pré, une petite chènevière, un droit de pacage, à Neuilly-en-Donjon, prov. de

**l'émigré Gavinet de La Rochassière**

Adj. 1.425 fr., à Michel Chanudet.

Trois pièces de terre, l'une de deux hectares, distraite du domaine de Martinière, et l'autre d'environ la même superficie, dépendant du domaine de la Croix, à Theneuille, prov. de la

**citoyenne Laroche-Robinière, ascendante d'émigré**

Adj. 1.125 fr., à Michel Chanudet ; une rouesse

d'un hectare, couverte de chênes, id., 575 fr., à Gilbert Lenoir.

## 15 nivôse an IX

Le petit domaine du Plaix, à Bayet, prov. de

### l'émigré Dorat de Chatelus

Adj. 3.833 fr., à Antoine-Marie Papon, d'Ebreuil, et Antoine Tessot.

La locaterie d'Usseau, à Creuzier-le-Vieux, prov. de

### l'émigré Depont

Adj. 4.400 fr., à Marie Lachaise, veuve Depont.

Une pièce de terre au terroir de Chassaigre, commune de Saint-Etienne-du-Bas, prov. de

### l'émigré Tonnelier

Adj. 45 fr., à Paul Pouillien; deux pièces de terre, même lieu, id., 400 fr., au même; le pré Rigodeau, id., 275 fr., à Gabriel Faure; un morceau de terre appelé le Petit-Pertu, id., 32 fr., à Paul Pouillien; la locaterie Lafond, à Langy, id., 765 fr., au même; la locaterie Gilles, id., 790 fr., au même; la locaterie Cinçonnette, id., 425 fr., à Gabriel Faure; une pièce de vigne et une parcelle de terre, id., 170 fr., à Michel Chanudet; une vigne appelée les Plantées, id., 265 fr., au même; trois morceaux de terre au terroir du Champ-Rousseau, id., 320 fr., à Jean Mandon; le pré des Prosts, id., 784 fr., au même; une pièce de terre de 24 ares au terroir des Fugerins, id., 32 fr., au même ; un canton de broussailles et un morceau de terre situés au terroir de Montellier, id., 48 fr., à François Pouillien; les quatre neuvièmes d'un canton de broussailles, à Créchy, id., 200 fr., à Jean Mandon.

Quatre pièces de terre, à Bresnay, prov. de

**l'émigré Paparel-Vitry**

Adj. 800 fr., à Gilbert Lenoir.


*13 germinal an IX (vente à la folle enchère)*

1° du domaine de Montigny, situé à Garnat, au profit d'Étiennette-Marie des Ulmes de Torcy, moyennant 2.600 fr.; 2° du domaine Pennier, à Beaulon, à la même, sans indication de somme autre que celle de un franc de droit d'enregistrement.


*29 frimaire an X (vente à la folle enchère)*

La locaterie Marin, à Lapalisse, prov. de

**l'émigré Jean-Frédéric de Chabannes**

Adj. 2.290 fr., à Sébastien Couchard.


Le domaine des Larniers, à Saligny, prov. de

**Gaspard Picard du Chambon, émigré**

Adj. 8.879 fr. 48, à Jean-Claude-Gaspard Picard du Chambon; le domaine de Chambon, à Pierrefitte, id., 12.016 fr. 26, au même; le domaine des Barons, id., 7.858 fr. 34, à Gaspard-Michel Picard du Chambon; la vigne de la Bernière, à Lurcy, commune du Luneau, 901 fr., à Gabriel Faure; le pré Moine, à Creuzier-le-Vieux, 855 fr., à Antoine Amelot.

*15 fructidor an X (vente à la folle enchère)*

La locaterie de la Maison-Neuve, à Couzon, prov. de

### l'émigré Leborgne

Adj. 675 fr., à André Robert, de Moulins; la locaterie de la Corne-de-Bouc, id., 465 fr., au même.

Le moulin du Verd, à Mesples, prov. de

### l'émigré de Croy

Adj. 2.010 fr., à Louis Bonnichon; une vigne de 25 ares appelée la Vigne-Blanche, située au terroir des Condemines-de-Dessous, à Souvigny, 1.010 fr., à Mayeul-Barichard.

La locaterie de Lodde, à Luneau, prov. de

### l'émigré Paroy-Lurcy

Adj. 1.600 fr., à Gabriel Faure, Gilbert Lenoir, Michel et Marien Chanudet.

*25 pluviôse an XII*

*(Vente de biens nationaux en exécution des lois des 15 et 16 floréal an X)*

Une grange appelée la Grange-Pouilly, à Marigny, prov. de la pré-succession de

### la dame Cardon, veuve Renaud Boisrenaud

Adj. 600 fr., à Delan et Cartier.

Une grange, à Chamblet, prov. de

### Montagnac-Chauvance, émigré

Adj. 910 fr., à Charles Thévenet; une locaterie

composée d'une maison, une petite étable, un jardin
situés au village de la Brosse, id., 505 fr., à
Gilbert-Amable Montagnac; une locaterie composée
d'une maison et d'un jardin de quatre ares, id.,
1.525 fr., à Charles Thévenet; deux locateries, même
lieu et même provenance, 1.525 fr., au même.

Une maison située rue des Augustins, à Moulins,
prov. des

### émigrés Des Ulmes de Torcy

Adj. 6.125 fr., à Pierre Faye; un terrain inculte
de deux ares, à Ainay, sans désignation de provenance, 100 fr., à Gilbert Lenoir.

Terres et vignes se tenant ensemble, de la
contenance de 65 ares environ, situées dans le clos
de la Barre-à-Chine, terroir de Chatelard, près
Montluçon, prov. de

### Montagnac-Chauvance, émigré

Adj. 1.875 fr., à Gilbert-Amable Montagnac ;
l'étang de Vaurige, de 51 ares, à Chamblet, id.,
1.225 fr., au même; un taillis de cinq ares appelé
les Buchets, de 38 ares, mêmes lieu et provenance,
600 fr., au même.

Un jardin avec un petit canal, à Trezelles,
prov. de

### Hautier de Villemontais, émigré

Adj. 860 fr., à Gabriel Faure; la terre des Joncs,
de six coupées, mêmes lieu et provenance, 800 fr.,
à J.-B.-Maximilien Hautier de Villemontais.

FIN DU TROISIÈME VOLUME

# TABLE DES MATIÈRES

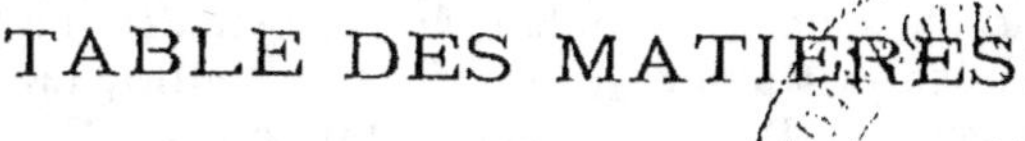

## PREMIÈRE PARTIE

### CHAPITRE Ier



### CHAPITRE II

## CHAPITRE III



## DEUXIÈME PARTIE



## TROISIÈME PARTIE

# ERRATA ET ADDENDA

## TOME I

Page 139, ligne 24. — Au lieu de : *Maillaut Duchambct,* lire : *Maillant Duchambet.*

## TOME II

Page 101, ligne 9. — Au lieu de : *le 6 vendémiaire an XII,* lire : *le cinquième jour complémentaire de l'an XI.*

Page 101, ligne 23. — Après *marchand fermier,* ajouter : *et propriétaire.*

Page 102, ligne 24. — Au lieu de : *le 7 vendémiaire an XII,* lire : *le 6 fructidor an XI.*

Page 250, ligne 23. — Au lieu de : *6 frimaire an II,* lire : *6 frimaire an III.*

## TOME III

Page 1, ligne 10. — Après *comités révolutionnaires,* ajouter : *et.*

Page 1, ligne 17. — Au lieu de : *quarante-six,* lire : *trente-six.*

# Table des Noms de Personnes et de Lieux
## cités dans l'ouvrage

NOTA. — *Pour les second et troisième volumes, en raison de la trop grande extension que la table aurait eue, les noms des acquéreurs n'ont pas été relevés. Seuls les noms propres cités dans le texte (première partie) figureront dans la table.*

## A

Abdon J.-B., tome I, 195.
Abrest, tome I, 131, 133, 134, 135; II, 45.
Adam Cl., tome I, 251.
Adam J.-B., tome I, 263.
Ade Jean, tome I, 114.
Adnet Pierre, tome I, 152.
Aganthange (dom), tome I, 87.
Agat François, tome I, 188.
Agnéty, tome I, 268.
Agonges, tome I, 53, 233, 256, 261, 265, 267, 281; III, 87, 88, 90.
Ainay-le-Château, tome I, 79, 102, 103, 113, 117.
Ainay-le-Vieil, tome I, 113.
Aladane, tome II, 409.
Alamargot P., tome I, 197, 221.
Alarose-de-la-Bresne, tome I, 200; II, 153.
Alassimonne, tome I, 233, 243.
Alby (d'), tome I, 240, 245.
Alix, tome I, 185, 234, 237, 240.
Allard, tome I, 272.
Allègre, tome I, 153, 154.
Allier, tome I, 153, 169, 176.
Alligier, tome I, 164.
Alliotaud, tome I, 122, 129, 136.
Aloncle P., tome I, 92, 94, 250, 254.
Alphonse (d'), tome I, 260, 264, 269; II, 18, 19, 20.
Alten J.-François, tome I, 121.

Amelot, tome III, 71.
Ami, tome I, 258, 259.
Amiot J., tome I, 217.
Andelaroche, tome I, 74, 138.
Andraud de Langeron, tome II, 153, 390, 391.
André, tome I, 205, 216, 218, 220, 221, 228.
Andrieux, tome I, 132.
Andrillard, tome III, 126, 127.
Androdias Murolles, tome III, 187.
Annet, tome I, 151.
Anri Agnant, tome III, 67.
Antoine, tome I, 208, 263.
Archambaud, tome I, 92.
Archignat, tome I, 212, 213.
Archimbaud, tome I, 53.
Arcon, tome II, 14, 15, 16, 17.
Arfeuilles, tome I, 136; II, 29.
Argentières, tome 225.
Argenty, tome I, 195, 210, 224, 226.
Argillet Annet, tome I, 277.
Arloing, tome I, 80, 183, 184.
Armet, tome I, 171.
Arnaud, tome I, 121, 157, 178, 268; II, 92, 93.
Aronnes, tome I, 130; II, 37, 106.
Arpheuilles, tome I, 207.
Artaud, tome I, 236.
Artigaud, tome II, 76.
Aubery, tome II, 5, 134.
Aubergier, tome I, 218, 236, 265.
Aubigny, tome I, 101, 104, 105, 107; III, 73.

## D

## G

## H

## S

## U



## V

NEVERS, IMP. G. VALLIÈRE

www.ingramcontent.com/pod-product-compliance
Lightning Source LLC
Chambersburg PA
CBHW061448060726
47597CB00002B/521